삼국
사기

삼국
사기

초판 1쇄 발행 | 2022년 11월 30일

지은이 | 김부식 · 엮은이 | 김영진

발행인 | 김선희 · 대 표 | 김종대
펴낸곳 | 도서출판 매월당
책임편집 | 박옥훈 · 디자인 | 윤정선 · 마케터 | 양진철 · 김용준

등록번호 | 388-2006-000018호
등록일 | 2005년 4월 7일
주소 | 경기도 부천시 소사구 중동로 71번길 39, 109동 1601호
      (송내동, 뉴서울아파트)
전화 | 032-666-1130 · 팩스 | 032-215-1130

ISBN 979-11-7029-208-1 (03910)

월드클래식 시리즈 15

삼국사기

고구려·백제·신라의 역사

김부식 지음 | 김영진 엮음

매월당
MAEWOLDANG

이끄는글

김부식

《삼국사기》는 1145년 고려 인종 때 김부식이 쓴 것으로, 우리나라 삼국의 역사를 기록한 책 중에선 가장 오래된 책이다. 때문에 '한국 고대 사의 바이블이다, 고대 역사로 들어가는 창이 다.' 라는 명예로운 평가를 받기도 한다. 이는 현존하는 역사책 중에서 삼국의 역사를 이만큼 자세하게 다룬 책 이 없기 때문일 것이다. 만일 《삼국사기》가 현재 전하지 않는다면 우리는 한국 고대사와 고대 정치 문화의 구체적 실상은 알 도리가 없을 것이며, 그런 면에서 《삼국사기》는 우리 한국의 고대사가 흘 러온 과정을 구체적으로 우리에게 알려준 가장 기본적인 책이다.

그러나 《삼국사기》가 다룬 내용은 역대 학자와 평론가들의 끊임 없는 논란의 대상이 되어왔다. 그 주요한 까닭은 김부식이 당시 북벌을 주장하며 서경으로 천도를 주장하는 묘청의 난을 진압했고, 고구려나 백제보다 신라 위주의 역사관을 전개하여 민족의 정통성과 자주성을 훼손시켰으며, 유교적인 사대주의 논법으로 일관했다는 것 등등이다.

하지만 이는 당시에 현존했던 열악한 문헌과 개인의 역사관, 국제관계 등의 한계에서 말미암은 것이다. 예컨대《삼국사기》가 단순히 주체성이 없고 유교적인 사대주의적 논법으로 일관되지 않았다는 점에 대해서는 김부식이《삼국사기》의 편찬을 마무리하고 인종에게 바치는 글에서 잘 나타나 있다.

지금의 학자나 사대부가 오경·제자의 책이라든지 중국의 진한秦漢 역대의 사기에 대해서는 혹 널리 통하여 자세히 말하는 사람이 있으나, 우리나라의 사실에 이르러서는 도리어 망연하여 그 처음과 끝을 알지 못하니 매우 유감스런 일이다. 더욱이 신라·고구려·백제의 삼국이 정립하여 능히 예로써 중국과 교통한 때문에, 중국 범엽의《한서》라든지 송기의《당서》에 다 그 열전이 있지만 이들 사서는 자기 국내에 관한 것을 자세히 하고 외국에 관한 것은 간략히 하여 자세히 실리지 않았고, 또 고기古記로 말하면 글이 거칠고 졸렬하여 사적의 유실이 많다. 이런 까닭에 임금의 선악이라든지, 신하의 충사忠邪라든지, 나라의 안위나 백성의 치난治亂에 관한 것을 다 드러내어 후세에 권계勸戒를 보이지 못하였으니, 마땅히 삼장三長의 인재를 얻어 한 나라의 역사를 이룩하여 이를 만세에 남겨주는 교훈으로 하여 일월성신과 같이 밝히고 싶다.

원래 이 글의 형식은 인종이 김부식에게 내린 분부로 되어 있으나, 이는 곧 김부식이 《삼국사기》를 편찬하게 된 주요한 뜻과 배경이라고 할 수 있다. 이처럼 《삼국사기》는 원래부터 주체성이 강한 군주와 편찬자에 의해서 자주적인 방침 아래 야심차게 만들어진 정사正史인 것이다. 그럼에도 불구하고 끊임없이 사대 논란의 대상이 되었던 것은 고조선과 가야, 동예, 옥저, 삼한, 발해 등의 역사를 기술하지 않거나 보다 상세하게 소개하지 못한 아쉬움 때문이었을 것이다. 이에 《발해고》를 쓴 주체성이 강한 조선조의 실학자 유득공이 《해동역사》 서문에 쓴 글은 의미심장하다.

  우리나라의 역사책이 무릇 몇 종이던가? 이른바 고기古記라 하는 것들은 모두가 승도들의 허황되고 황당한 말이라서 사대부들이 입에 담을 수 없는 것이다. 김부식이 지은 《삼국사기》에 대해 사람들은 '소략하여 볼 만한 것이 없다.'고 허물하고 있다. 그러나 명산의 석실에 보관되어 있는 자료가 하나도 없었으니, 김부식인들 그런 처지에서야 어떻게 할 수 있었겠는가?

사실 《삼국사기》는 김부식 일개인의 저작이 아니라 당시 국가에서 총망 받는 여러 학자들과 더불어 편찬한 것이다. 즉, 최산보·이온문·허홍재 등 당대 최고의 학자를 비롯하여 도합 열 명의 편수관이 참여하여 당시에 전해지고 있던 삼국의 옛 기록과 유적, 중국의 여러 역사책에 실려 있는 우리나라 관련 기록을 보충하고 간추려서 기전체로 정리한 것이다.

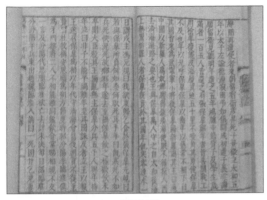
《삼국사기》

기전체란 황제의 전기를 〈본기本紀〉로 하고, 제왕의 전기는 〈세가世家〉, 역사 인물을 〈열전列傳〉으로 다루며, 이 밖에 연표를 〈표表〉, 제도와 문물, 지리와 자연 현상 등을 〈지志〉에 싣는 서술법이다. 이 방식은 사마천의 《사기》에서 유래하여, 《한서》에서 확립된 중국과 동양권의 대표적인 정사正史 서술체제이다.

《삼국사기》는 이 체제를 따라 총 50권 10책으로 편찬되었다. 이를 좀 더 자세히 살펴보면 〈본기〉 28권, 〈지〉 9권, 〈표〉 3권, 〈열전〉 10권이다. 그 중에서 특히 관심의 대상이 되는 〈열전〉에는 모두 51개의 개인 전기에 80여 명의 역사 인물이 등장한다.

편찬의 방침은 유교적인 도덕적 합리주의 사관에 따라 '옛날의 전통을 그대로 서술할 뿐이지 뭔가를 덧붙이거나 첨가하지는 않는다.'는 '술이부작述而不作'과 '사실로써 바로 기록한다.'는 '이실직서以實直書'의 정신에 충실하였다. 그러면서도 고대부터 전승했던 신이한 사건과 사실을 참고하여 가감 없이 기록해 두었다.

이는 《삼국사기》가 단순히 역사적 사료에만 의존한 것이 아니라 고대부터 전승했던 설화나 민담 등을 참고했다는 증거이기도 하다. 그래서 김부식 스스로 '역사서를 편찬함에 그 전승이 오래 되었기 때문에 그 말을 지워버릴 수가 없다.'고 술회했다. 아무튼 《삼국사기》에 출현하는 신비한 인물이나 사건들은 단순한 설화나 민담 차원이 아니라 황폐한 우리 고대 역사를 다시금 되돌아보고 신화나 설화 문학으로 발전할 수 있는 좋은 소재가 될 수 있다.

또한 《삼국사기》에는 지진·가뭄·홍수·벼락 등의 천재지변과 자연재해에 관한 기록들이 다량으로 기재되어 있는데, 이는 고대 우리나라의 천문과 지리, 자연에 대한 이해를 돕는데 필수불가결한 기록들이다. 이 같은 천재지변의 기록은 신빙성이 없는 것도 혼재하지만 대개는 신뢰성이 있어 고대 우리나라 천문지리의 통계적 산출을 가능하게 해, 일식(14.8년), 가뭄(9.2년), 지진(10.3년)과 같은 주기의 산출도 가능하였다.

더욱이 《삼국사기》에 수록된 기본적인 내용은 여러 가지 근거로 이 책의 신뢰도를 높여주고 있다. 그 실례의 하나는 충남 공주시에 위치한 백제 제25대 무령왕릉에서 발견된 지석이다. 이 지석에는 백제 사마왕이라 불린 왕은 23년을 재위하다 계유년, 즉 526년 사망했다고 적혀 있었다. 그 기록은 놀랍게도 삼국사기 백제본기 무령왕편의 기록과 완벽하게 일치한다. 지금까지 발굴된 삼국시대의 많은 고분은 지석 연대가 뚜렷하지 않고 누구의 무덤인지 밝혀지지 않은 것에 비하면 무령왕릉 지석의 발굴로 인해 밝혀진

《삼국사기》의 내용 일치는 그 신빙성을 높여주는 좋은 증거라 할 수 있다.

본서는 《삼국사기》에서 가장 중요하다고 생각하는 부분을 1권 분량으로 발췌하되, 일부에 편중된 발췌가 아닌 전체적인 체제를 그대로 살림으로써 원전의 맛을 최대한 느낄 수 있도록 편집했다. 그리고 본기와 열전에 등장하는 인물 전기를 최대한 소개하되, 먼저 역사적인 사실을 개술하여 일반 대중들의 빠른 이해를 돕고자 한다.

엮은이 **김영진**

제2장 강력한 해상왕국을 건립한 백제 이야기

제3장 삼국을 통일한 신라 이야기

부록

제1장

동북아시아를 호령한
고구려 이야기

고구려의 건국과 성장

고구려는 기원전 37년 무렵, 천손의 아들이자 하백의 외손인 주몽(동명성왕)이 동부여를 떠나 졸본에 이르러 세운 나라이다. 제1대 동명성왕(기원전 37~기원전 19)부터 제9대 고국천왕(179~197)까지 수도를 졸본에서 국내성으로 옮겨 착실하게 고대국가의 기틀을 다져나갔다. 주변에 중국과 북방의 수많은 외적들의 침입을 물리치고 동쪽으로 부여, 동옥저를 정벌해 동해에 이르고, 남쪽으로는 살수까지 점차 그 영토를 넓혀갔다. 더불어 부족 연맹의 형태로 출발했던 정치체계를 중앙집권적으로 바꾸고, 왕권 강화를 위한 부자상속제를 정립시켜 고대왕국의 모습을 갖추기 시작했다.

동명성왕
고구려의 시조

주몽

　　고구려의 시조 동명성왕東明聖王의 성은 고씨이고, 이름은 *주몽이다. 어머니는 하백의 딸 유화로 천제의 아들 해모수를 만나 사랑을 나눈 뒤, 태백산 우발수에 머물러 있었다. 때마침 북부여의 왕 금와가 그녀를 보고 신기하게 여겨 궁중으로 데려와 가두어 놓았다. 어느 날 해모수가 햇빛이 되어 나타나 유화에게 잉태시켜 알을 낳게 했는데, 여기서 주몽이 태어난 것이다. 천성이 총명하고 자라면서 활을 잘 쏘아 촉망받았다. 그러나 금와왕의 태자인 대소 등 7명의 왕자가 주몽의 재주를 시기하여 장차 죽이려 하자

주몽朱蒙 부여의 속어로 '활을 잘 쏜다.'는 뜻이다. 다른 이름으로 추모·상해·추몽·중모·중모·도모 등으로도 전한다.

어머니 유화부인의 권고로 마리·오이·협보 등과 함께 화를 피해 남쪽으로 도피했다.

　대소의 위협에서 무사히 벗어난 주몽은 유유히 남쪽으로 가다가 모둔곡에서 삼베옷을 걸친 재사, 장삼 옷을 걸친 무골과 마름옷을 걸친 묵거를 만났는데, 이들은 모두 주몽을 따르겠다고 나섰다. 이에 주몽은 그들에게 극씨, 중실씨, 소실씨라는 성씨를 주고 말했다.

　"내가 바야흐로 하늘의 크나큰 명령을 받아 나라의 기틀을 열려고 하는데 마침 이 3명의 현명한 사람을 만났으니 어찌 하늘이 주신 것이 아니겠는가?"

　그리고 이들의 능력을 살펴 각기 일을 맡기고 그들과 함께 졸본천에 이르렀다. 그곳의 토양이 기름지고 아름다우며, 산세가 높고 험악하여 드디어 도읍하려고 하였으나, 궁실을 지을 겨를이 없어 단지 비류수 가에 오두막을 짓고 살았다. 나라 이름을 고구려라 하였는데 이로 인하여 고高를 성씨로 삼았다.

　어떤 이가 이르기를, 주몽이 *졸본부여에 이르렀는데 그곳을 다스리던 왕에게 아들이 없던 차에 주몽이 보통사람이 아님을 알아보고 자신의 딸을 그의 아내로 삼게 하였고, 왕이 죽자 주몽이 왕위를 계승하였다고도 한다. 이때 주몽의 나이가 22세였는데, 사방

졸본부여　졸본천이나 비류수 가에 있던 나라로 구려국句麗國이라고도 전해지고 《위서》에는 흘승골 성紇升骨城이라고 한다. 일반적으로 이 지역을 통틀어 졸본이라 한다. 흘승골의 '승'은 '본'을 잘못 기록한 것이라고 하며, 졸본이라는 말은 발해의 솔빈으로 전해지고, 지금의 '하얼빈'으로 알려진다. 이곳에서 주몽은 졸본부여의 유력자였던 연타발의 딸 소서노와 결혼하여 비류와 온조를 낳았다.

에서 듣고 와서 복종하는 자가 많았다. 그 땅이 말갈 부락에 잇닿아 있어 그들이 침입하여 피해를 입을까 두려워하여 마침내 그들을 물리치니, 말갈이 두려워 복종하고 감히 침범하지 못하였다.

하루는 왕이 비류수 가운데로 채소 잎이 떠내려 오는 것을 보고 다른 사람이 상류에 있는 것을 알고, 사냥을 하며 찾아가니 곧 비류국이었다. 그 나라 왕 송양이 나와서 주몽을 보고 말했다.

"과인이 바다의 깊숙한 곳에 치우쳐 있어서 일찍이 군자를 보지 못하였는데 오늘 그대를 만나니 또한 다행이 아닌가? 그대가 어디서 왔는가?"

주몽이 답하여 말했다.

"나는 천제의 아들이고, 부여에서 졸본천으로 와서 새로 나라를 세우고 도읍을 정하였다."

그러자 송양은 제의했다.

"우리는 이곳에서 여러 대에 걸쳐 왕 노릇을 하였다. 그러나 이 주변의 땅은 작아서 두 왕을 받들기에는 부족하다. 그대가 도읍을 세운 지 얼마 되지 않았으니 나에게 복속하는 것이 어떠한가?"

주몽이 그의 말에 승복하지 않고 서로 활쏘기 경쟁으로 승패를 정하자고 했다. 이에 서로 활쏘기를 했는데 주몽이 이겼다. 그리하여 송양은 그 나라를 바치고 주몽에게 복속했다. 이때가 서기전 36년 여름 6월로, 주몽은 그곳을 옛 땅을 회복했다는 의미에서 다물도多勿都라고 부르고 그곳의 군주를 송양으로 삼았다.

그로부터 4년 후에 졸본성과 궁궐을 완성하여 명실상부한 나라의 면모를 갖추었다. 기원전 32년에는 오이와 부분노에게 명하여 태백산 동남쪽에 있는 행인국을 정벌하고, 또 기원전 28년에는 부위염에게 명하여 북옥저를 정복하여 영토를 넓혔다.

기원전 24년 8월에 동부여에 남아 있던 주몽의 어머니 유화부인이 죽었다. 이때 금와왕이 그녀를 태후의 예로써 장사 지내고 신묘를 세워주었다. 이에 주몽은 동부여에 사신을 보내 감사를 표하고 토산물을 보냈다. 하지만 금와왕이 죽고 그의 맏아들이었던 대소 왕자가 왕위에 오르면서 고구려와 동부여의 관계는 악화되기 시작했다.

기원전 19년 여름 음력 4월에 주몽의 아들 유리가 동부여에서 어머니 예씨부인과 함께 도망쳐 돌아오자 주몽은 기뻐하며 그를 태자로 삼았다. 그 후 5개월 뒤에 40세의 나이로 서거하니 용산에 장사 지내고 동명성왕이라 불렀다.

유리왕

수도를 국내성으로 옮기다

유리명왕琉璃明王이 즉위하였다. 이름은 유리인데, 유류라고도 이른다. 주몽의 맏아들로 어머니는 예씨이다.

처음에 주몽이 부여에 있을 때 예씨의 딸에게 장가들어 아이를 배었는데, 주몽이 떠나온 뒤에 아이를 낳았다. 이 아이가 바로 유리인데 그가 어릴 때 길에 나가 참새를 쏘며 놀다가 잘못하여 물 긷는 부인의 항아리를 깨뜨렸다. 부인이 욕하며 말하였다.

"이 아이는 아비가 없는 까닭에 이같이 재주가 없다."

유리가 부끄러워 돌아와서 어머니에게 물었다.

"나의 아버지는 어떤 사람입니까? 지금 어디에 계십니까?"

"너의 아버지는 평범한 사람이 아니기 때문에 이 나라에서 받아들여지지 않아 남쪽 땅으로 달아나서 나라를 세우고 왕이 되셨다. 아버지가 떠날 때에 나에게 말했다. '당신이 아들을 낳으면 내가 물건을 남겨두었는데, 일곱 모가 난 돌 위의 소나무 아래에 감추어 두었다고 말하시오. 만약 이것을 찾을 수 있다면 곧 나의 아들이오.' 라 하셨다."

유리가 이 말을 듣고 산골짜기로 가서 그것을 찾았으나 찾지 못하고 피곤하여 돌아왔다. 하루는 아침에 마루 위에 있는데 기둥과 초석 사이에서 소리가 나는 것처럼 들렸다. 곧바로 가서 보니 초석이 일곱 모를 하고 있었다. 이에 기둥 아래를 뒤져서 부러진 칼 한 조각을 찾아냈다. 그리하여 마침내 그것을 가지고 옥지·구추·도조 등 세 사람과 함께 졸본으로 가서 부왕을 뵙고 부러진 칼을 바쳤다. 왕이 자기가 가지고 있던 부러진 칼을 꺼내어 이를 합치니 이어져 하나의 칼이 되었다. 왕이 이를 기뻐하고 그를 태자로 삼았는데, 이때에 이르러 왕위를 계승하였다.

유리왕은 기원전 18년 음력 7월에 다물후 송양의 딸을 왕비로 맞이하였다. 그러나 이듬해 왕비 송씨가 죽자 다시 두 여자에게 장가들어 후실로 삼았다. 기원전 9년에는 선비족이 험준함을 믿

고구려 여인들의 생활상

고 고구려와 화친하지 않고, 이로우면 나와서 노략질하고 불리하면 들어가 지켜서 나라의 걱정거리가 되었다. 이에 부분노의 계책을 사용해서 선비족을 토벌하였다. 부여의 대소왕은 기원전 6년에 고구려에 볼모를 요청하였고 유리왕은 부여의 강력한 국력을 꺼려하여 태자 도절을 인질로 보내려 하였으나, 도절이 두려워 가지 않았다. 이에 대소는 음력 11월 군사 5만여 명을 이끌고 고구려를 침공하였으나 폭설로 많은 군사를 잃고 퇴각하였다.

서기 1년 정월에 태자 도절이 죽었다.

서기 2년 3월, 제사에 쓸 돼지가 달아났다. 이에 설지에게 명하여 뒤를 쫓게 하였으며 국내 위나암에서 잡는데 성공하였다. 왕궁으로 돌아온 설지는 왕을 뵙고 다음과 같이 말했다.

"신이 돼지를 쫓아 국내 위나암에 이르렀는데, 그 산수가 깊고 험준하며 땅이 오곡을 키우기에 알맞고, 또 순록, 사슴, 물고기, 자라가 많이 생산되는 것을 보았습니다. 왕께서 만약 도읍을 옮기시면 단지 백성의 이익이 무궁할 뿐만 아니라 전쟁의 걱정도 면할 만합니다."

이에 유리왕은 그해 음력 9월에 위나암에 가서 지세를 살피고, 서기 3년에는 국내로 천도하고 위나암성을 쌓았다.

서기 4년에 해명을 태자로 책봉하였다. 그러나 해명은 황룡국왕이 선물한 활을 가지고 무용을 과시하다가 유리왕의 노여움을 사자결하고 말았다.

고구려 성벽

　서기 9년 음력 8월, 부여의 대소왕이 사신을 보내 부여를 섬길 것을 종용하였는데, 유리왕은 나라를 세운 지 얼마 안 되고 국력이 부족한 것을 알고 부여에 형식적으로 복속하기로 하였다. 그러나 이때 왕자 무휼이 나서서 사신에게 고구려가 부여에서 독립한 당위성을 설명하고, 대소왕은 고구려를 복속할 야망을 버리고 부여나 잘 다스리라는 충고를 하였다.

　서기 5년 9월에 왕이 기산箕山 들에서 사냥하다가 이상한 사람을 만났는데 양 겨드랑이에 날개가 있었다. 그를 조정에 등용하여 우씨 성을 주고 왕의 딸에게 장가들게 하였다.

수렵도

서기 12년에 한나라를 찬탈한 왕망이 흉노 정벌을 위해 고구려에게 원군을 청했다. 고구려는 원군을 파견하였으나 병사들은 남의 전쟁이라 여기고 돌아가려 하니, 화가 난 왕망은 장수를 보내 공격하여 고구려 장수 연비를 죽이고 고구려 왕을 하구려후라 비하했다. 이때부터 고구려는 한나라 변경을 공격하기 시작하였다.

서기 13년에는 부여가 고구려를 침공하였으나 무휼이 학반령 아래에서 매복 작전을 써서 부여군을 크게 격파하였다. 서기 14년에 왕이 오이와 마리에게 명하여 군사 2만 명을 거느리고 서쪽의 양맥을 정복하고 한나라의 현도군에 속한 고구려현을 빼앗았다.

서기 18년, 유리왕은 두곡의 별궁에서 서거했으며 두곡의 동쪽 들판에서 장사 지내고 이름을 유리명왕이라 하였다.

황조가

유리왕의 애달픈 사랑연가

유리명왕 3년 기원전 17년 7월에 골천에 별궁을 지었다. 겨울 10월에 왕후 송씨가 죽자 대왕은 다시 두 여자를 후처로 삼았다. 하나는 화희인데 골천 사람의 딸이고, 또 하나는 치희인데 한나라 사람의 딸이다. 두 여자가 남편에게 사랑 받으려고 서로 다투며 화목하지 않아서 대왕은 양곡에 동·서 2궁을 지어 각각 살게 하였다. 그 후에 대왕이 기산으로 사냥을 나가 7일 동안 돌아오지 않자 두 여자가 서로 다투었다. 화희가 치희를 꾸짖어 말하였다.

"너는 한가漢家의 비첩으로 무례함이 어찌 이리 심한가?"

치희가 부끄럽고 한스러워 도망쳐 돌아갔다. 대왕은 그 말을 듣고 말을 채찍질하여 뒤따라갔으나 치희는 성을 내며 친가에서 돌아오지 않았다. 이에 대왕은 나무 밑에서 쉬다가 꾀꼬리가 날아와 모여드는 것을 보고 감탄하여 다음과 같이 노래하였다.

翩翩黃鳥　펄펄 나는 저 꾀꼬리는
雌雄相依　암수가 서로 노니는데
念我之獨　이내 몸은 외로워라
誰其與歸　뉘와 함께 돌아갈꼬.

이는 4언 4구의 한시 형태로 번역되어 전하고 있다. 이 노래는 창작 연대가 기원전 17년경에 이루어진 것으로, 한국 문학사적으로 최초의 서정요라는 데 그 존재 가치가 높다.

대무신왕

부여를 정벌하고 요동태수의 침입을 물리치다

대무신왕大武神王은 어렸을 때 이름이 무휼이고, 대해주류왕이라고도 한다. 동명성왕의 손자이자 유리명왕의 셋째아들로 다물국 왕 송양의 딸 소생이다. 나면서부터 총명하고 지혜가 있었고, 장성하면서 영웅호걸의 기질과 큰 지략이 있었다. 11세에 태자가 되었고, 15세인 서기 18년에 제3대 왕위에 올랐다.

20년(재위 3) 9월에 왕이 골구천에서 사냥하다가 신기한 말을 얻어 거루라고 불렀다. 그해 10월에 부여 왕 대소가 사신을 파견하여 붉은 까마귀를 보내왔는데 머리 하나에 몸이 둘이었다. 그리고 붉은 까마귀를 보낸 의미를 다음과 같이 전했다.

"본래 까마귀는 검은 것이다. 그런데 지금 변하여 붉은 색이 되고, 또 머리 하나에 몸이 둘이 된 것은 장차 고구려가 부여로 귀순할 징조이다."

이에 대무신왕은 다음과 같이 대답했다.

"검은 것은 북방의 색인데, 지금 변해서 남방의 색이 되었다. 또 붉은 까마귀는 길조인데, 왕이 얻어서는 갖지 아니하고 나에게 보냈으니 두 나라의 존망은 아직 알 수 없노라."

삼족오

이 말을 듣고 대소가 후회했다.

21년(재위 4) 12월에 왕은 군대를 동원하여 부여를 정벌하려고 불류수 가에 머무르며 물가를 바라보니, 마치 여인이 솥을 들고 춤을 추는 것 같았다. 가까이 가

삼족오 문양

서 보니 솥만 있었다. 그것으로 밥을 짓게 하자 불이 없이도 스스로 열이 나서, 밥을 지어 한 군대를 배불리 먹일 수 있었다. 이때 홀연히 한 장부가 나타나 말했다.

"이 솥은 우리 집의 물건으로, 나의 누이가 잃어버린 것입니다. 왕이 지금 이를 얻었으니 제가 이 솥을 지고 따르게 해주십시오."

그 말을 듣고 왕은 부정씨의 성을 내려주고 정벌군에 참여하게 했다. 이물림에 이르러 잠을 자는데 밤에 쇳소리가 들렸다. 동틀 즈음에 사람을 시켜 찾아보게 하니, 금으로 된 옥새와 병기 등을 얻었는데, 왕은 '하늘이 준 것이다.' 라고 말하고 절을 하고 받았다. 그리고 길을 떠나려 하는데 한 사람이 나타났다. 키는 9척쯤에 얼굴은 희고 눈에 광채가 있었다. 왕에게 절하며 말했다.

"신은 북명北溟 사람 괴유입니다. 대왕이 북쪽으로 부여를 정벌하신다는 것을 엿들었습니다. 신이 청하옵건대 따라가서 부여 왕의 머리를 베어오고자 합니다."

왕은 기뻐하며 이를 허락하였다. 또 어떤 사람이 말했다.

"신은 적곡 사람 마로입니다. 긴 창으로 인도하기를 청합니다."

왕은 또 허락하였다.

22년(재위 5) 2월에 왕은 마침내 부여국 남쪽으로 진군하였다. 그 땅은 진흙이 많아 왕이 평지를 골라 군영을 만들고 안장을 풀고 병졸을 쉬게 하였는데, 두려워하는 태도가 없었다. 부여 왕은 온 나라의 군사를 동원하여 출전해서 고구려가 방심하는 사이에 급습하려고 말을 몰아 전진해 왔다. 그러나 말을 급히 몰아 진군하다가 진흙 수렁에 빠져서 앞으로 나아갈 수도 물러설 수도 없었다. 왕이 이때 괴유에게 지시하니, 괴유가 칼을 빼서 소리를 지르며 공격하니 대부분의 군대가 이리저리 밀려 쓰러지며 능히 지탱하지 못하였다. 곧바로 나아가 부여 왕을 붙잡아 머리를 베었다. 부여 사람들은 이미 왕을 잃어 기세가 꺾였으나 스스로 굴복하지 않고 고구려 군사를 여러 겹으로 포위하였다. 이에 왕은 후퇴하여 나라에 돌아와 여러 신하를 모아 잔치를 베풀며 말했다.

"내가 덕이 없어서 경솔하게 부여를 공격하여, 비록 그 왕은 죽였으나 그 나라를 아직 멸하지 못하였고, 또 우리 군사와 물자를 많이 잃었으니 이는 나의 허물이다."

그리고 친히 죽은 자와 아픈 자를 조문하고 백성들을 위로하였다. 이리하여 나라 사람들이 왕의 덕과 의義에 감격하여, 모두 나라의 일에 목숨 바치기로 하였다.

3월에 신비한 말 거루가 부여 말 1백 필을 거느리고 학반령 아래 차회곡으로 돌아왔다. 대소왕을 잃은 부여는 분열되어 대소의 동생은 압록곡 부근에 갈사부여를 세웠으며 음력 7월에는 대소왕의 사촌동생이 부여 백성 1만여 명을 데리고 고구려에 투항해 왔다. 왕이 그를 왕으로 봉하여 연나부에 두고, 낙絡씨 성을 주었다.

26년(재위 9) 10월에 개마국을 공격하여 그 왕을 죽이고 백성을 위로하여 안정시켰다. 왕은 자신의 군사들이 노략질하지 못하게 하고 단지 그 땅을 군현으로 삼아 복속시켰다. 12월에는 구다국 왕이 개마가 멸망했다는 소식을 듣고 자신에게도 그 화가 미칠 것을 두려워하여 항복해 왔다. 이로써 땅을 개척하여 점차 넓어졌다. 또한 을두지, 송옥구 등을 우보와 좌보로 등용하여 내치를 다졌다.

28년(재위 11) 7월에 한나라의 요동태수가 군사를 이끌고 고구려를 침략하였다. 수적으로 열세에 놓여 불리한 고구려는 우보 을두지의 계책에 따라 직접 응전하지 않고 위나암성에서 수십 일 동안 방어만 하였다. 그래도 한나라 군사가 계속 포위를 풀지 않자 을두지는 적장이 우리가 암석 지대에 있으므로 물이 곧 부족할 것을 짐작하고 오랫동안 포위하여 우리가 곤궁에 처하기를 기다리는 것이므로, 연못에서 잉어를 잡은 듯 꾸며 적장에게 보내도록 하였다. 그러자 적장은 성 안에 물이 풍부하게 있는 것으로 알고 단시일에 점령하는 것이 어렵다고 판단하여 퇴각하였다.

32년(재위 15)에는 낙랑을 공격하여 정복하였다. 11월에 왕자 호동이 왕후의 모략에 빠져 간통했다는 누명을 받자 결백을 증명하기 위해 자살했다. 12월에 적자인 해우를 세워 태자로 삼았다. 이해에 후한後漢에 사신을 보내 광무제로부터 왕호를 인정받고, 국교를 열었다.

37년(재위 20) 낙랑을 습격하여 멸하였다.

44년(재위 27) 10월, 왕이 향년 41살의 나이로 서거하였다. 대수촌 들에 장사 지내고 시호를 대무신왕이라 했는데, 이는 재위 중에 주위의 많은 나라를 공격하여 혁혁한 무공을 세웠기 때문이다.

호동왕자와 낙랑공주의 슬픈 사랑

15년(유리왕 재위 32) 여름 4월에 왕자 호동이 옥저로 놀러갔을 때 낙랑 왕 최리가 출행하였다가 그를 보고서 묻기를,

"그대의 얼굴을 보니 보통사람이 아니구나. 어찌 북국 신왕神王의 아들이 아니겠는가?"

라며 마침내 함께 돌아와 딸을 아내로 삼게 하였다. 후에 호동이 나라로 돌아와 몰래 사람을 보내 최씨 딸에게 알려서 말하기를,

"만일 그대 나라의 무기고에 들어가 북과 뿔피리를 찢고 부수면 내가 예로써 맞이할 것이고 그렇지 않으면 맞이하지 않을 것이다."

낙랑에는 적이 침입하면 저절로 우는 북과 뿔피리가 있었는데, 그런 까닭에 이를 부수게 한 것이다. 이에 최씨 딸이 예리한 칼을 가지고 몰래 무기고에 들어가 북을 찢고 뿔피리의 주둥이를 쪼개고 호동에게 알렸다. 호동이 왕에게 권하여 낙랑을 습격하였다.

최리는 북과 뿔피리가 울리지 않아 대비하지 못하였고, 고구려 병력이 갑자기 성 밑에 도달한 연후에야 북과 뿔피리가 모두 부서진 것을 알았다. 그리하여 마침내 딸을 죽이고 나와서 항복하였다.

태조대왕

주변 소국을 병합하고 한사군을 공략하다

태조대왕太祖大王은 제6대 왕이다. 유리왕의 아들인 고추가 재사의 아들로, 어렸을 때의 이름은 어수이다. 어머니인 태후는 부여 사람이다. 제4대 민중왕은 대무신왕의 동생으로 재위 5년 만에 서거하고, 제5대 모본왕은 대무신왕의 아들이었지만 사납고 어질지 못하여 신하 두로에게 살해당했다. 또 모본왕의 태자 또한 못나고 어리석어 사직을 주관하기에 부족하여 나라 사람들이 그를 맞이하여 왕위를 잇게 하였다. 왕은 태어나면서 눈을 뜨고 볼 수 있었고 어릴 때부터 뛰어나게 영리하였다. 하지만 당시 나이가 7살이어서 한동안 태후가 섭정했다.

55년(재위 2) 요서 지역에 10개의 성을 쌓아 후한의 침공에 대비하였고 56년에는 동옥저를 병합하여 동으로는 창해, 남으로는 살수에 이르렀다. 68년(재위 16)에 *갈사국 왕의 손자 도두가 항복하니 그를 우태에 임명했고, 70년에는 관나부 패자 달가를 보내서 조나를 정벌하였으며, 2년 뒤에 환나부 패자 설유를 보내 주나를 병합하고 그 왕자 을음의 항복을 받아 고추가에 임명하였다.

또한 변방 수비에 관심을 기울여 98년(재위 46)에는 책성을 직접 점검하고, 102년에는 사신을 보내 책성을 안정시키고 어루만졌다. 114년(재위 62)에는 남해까지 내려가 두루 살펴보았다.

그리고 후한과의 대외관계에서 강온 양면 전략을 적절하게 구사하였다. 105(재위 53)에는 요동군의 6현을 공격하였으나 태수 경기가 군사를 일으켜 항거하여 후퇴하였다. 109년과 111년에는 사신을 보내 평화적인 외교를 펼쳤다. 그러나 118년(재위 66)에는 예맥과 더불어 현도군과 화려성을 공격하였다.

이에 121년(재위 69) 봄에는 후한이 병력을 이끌고 침략해 와서 예맥 거수를 공격해서 죽이고 병졸과 군마, 재물을 모두 빼앗았다. 왕은 급히 아우 수성을 보내 병력 2천여 명을 거느리고 풍환, 요광 등을 역습하게 하였다. 수성이 사신을 보내 거짓으로 항복하는 척하면서 몰래 요충지를 장악하고 병사 3천 명을 보내, 현도와 요동 두 군을 공격하여 성곽을 불태우고 2천여 명을 죽이고 사로잡는 큰 전과를 얻었다.

음력 4월에는 왕이 직접 요동의 선비족 8천여 명을 거느리고 요

갈사국 고구려 제3대 대무신왕이 부여를 쳐부수자, 부여 왕 대소의 동생이 1백여 명의 부하를 이끌고 압록곡에 이르러 그 일대를 지배하던 해두왕을 살해하고 세운 국가이다.

대현을 공격하였다. 요동태수 채풍이 신창에 나와 싸우다가 죽었다. 공조연 용단, 병마연 공손포가 몸으로 채풍을 구하려다 함께 진영에서 죽었다. 죽은 자가 1백여 명이었다. 12월에 왕은 마한, 예맥과 1만여 기병을 거느리고 나아가 현도성을 포위하였으나 부여 왕 위구태가 병력 2만 명을 거느리고 와서 한나라군과 협공을 펼쳐 후퇴하였다.

한편 121년(재위 69)부터 태조대왕은 아우인 수성에게 국정을 돌보도록 하였으며 123년(재위 71)에는 목도루와 고복장을 좌ㆍ우보로 삼아 보좌하게 하였다. 수성은 내심 왕위에 욕심을 냈으나 태조대왕이 죽지 않자 146년(재위 94)에 측근들의 부추김을 받아 역모를 도모하였다. 이를 눈치 챈 고복장이 왕에게 고하였으나 왕이 말하길,

"나는 이미 늙었다. 수성이 나라에 공이 있으니 내가 장차 왕위를 물려주려고 하니 그대는 번거롭게 염려하지 마라."

라고 말하고 수성에게 왕위를 넘겨주고 상왕으로 물러났다.

그 후 별궁에서 여생을 보내다가 165년에 119세의 나이로 서거하였다. 역대 군주 중에 가장 장수한 임금이자 93년을 군림한 군주로 알려진다. 재임 중에 고구려를 강력한 중앙집권국가 수준으로 끌어올린 왕으로서 그 업적이 나라를 세운 것에 버금간다고 하여 태조왕 또는 국조왕國祖王이라고 불리게 되었다.

신대왕

명림답부를 등용하여 한나라 군사를 물리치다

신대왕新大王은 태조대왕의 막내동생으로 이름은 백고이다. 예의 바르고 영특하며 성품이 인자하고 너그러웠다. 제7대 차대왕 때에는 폭정을 피해 산골에 숨어 살았다. 165년에 명림답부가 차대왕을 시해하자 좌보 어지류가 사람을 보내 그를 왕으로 추대하였다. 이에 제8대 왕으로 즉위하니 당시 나이가 77세였다.

166년(재위 2) 왕은 좌·우보를 폐지하고 처음으로 국상제를 도입하여 명림답부를 임명하였다. 또 대사면령을 내리고 차대왕의 아들 추안을 양국군에 봉하는 등 정치적 안정을 꾀하였다.

172년(재위 8) 11월에 한나라가 많은 병력으로 쳐들어왔다. 왕이 여러 신하들에게 싸우는 것과 지키는 것 중 어느 쪽이 나은지를 물으니 많은 사람이 의논하여 아뢰었다.

"한나라가 병력이 많은 것을 믿고 우리를 가볍게 여기니, 만약 나아가 싸우지 않으면 그들은 우리를 비겁하다고 여겨서 자주 침략해올 것입니다. 또 우리나라는 산이 험하고 길이 좁기 때문에, 한의 병력이 비록 많으나 우리를 어떻게 할 수 없으니 군대를 내어 막기를 청합니다."

명림답부가 아뢰었다.

"그렇지 않습니다. 한나라는 나라가 크고 백성이 많아 지금 강력한 병력으로 멀리 와서 싸우므로 그 날카로운 기세를 당할 수 없습니다. 또 병력이 많으면 마땅히 싸워야 하고, 병력이 적으면 지켜야 하는 것이 병가兵家의 상식입니다. 지금 한나라 사람들이 군량을 천 리나 옮겼기 때문에 오래 갈 수 없습니다. 만약 우리가 도랑을 깊이 파고 보루를 높이며 들을 비우고 기다리면 저들은 필시 달을 넘기지 못하고 굶주리고 곤궁해져서 돌아갈 것입니다. 그때 우리가 날랜 병졸로 치면 뜻을 이룰 수 있을 것입니다."

왕은 명림답부의 말이 옳다고 여기고 성을 닫고 굳게 지켰다. 한나라 군사들이 공격하였으나 이기지 못하고 사졸들이 굶주리므로 이끌고 돌아갔다. 이에 명림답부가 수천의 기병을 거느리고 추격하여 한나라 군대가 크게 패하여 한 필의 말도 돌아가지 못하였다. 왕이 크게 기뻐하고 답부에게 좌원과 질산을 주어 식읍으로 삼았다.

179년(재위 15) 음력 12월에 91세로 사망하였다. 고국곡에 장사 지내고 이름을 신대왕이라 하였다.

고국천왕

을파소를 등용하여 진대법을 시행하다

고국천왕故國川王은 신대왕의 둘째아들로 이름은 남무이다. 176년에 태자로 책봉되었고, 신대왕의 맏아들 발기가 어질지 못하였기 때문에 대신들의 추대를 받아 179년에 제9대 왕으로 즉위하였다. 고국천왕은 키가 9척이고 자태와 표정이 씩씩하고 뛰어났으며, 능히 솥을 들 정도로 풍채가 웅장하였고, 일을 함에 있어서는 관용과 예리함이 지나치거나 모자람이 없이 알맞았다. 180년에 제나부 우소의 딸 우씨于氏를 왕후로 삼았다.

184년(재위 6)에 후한의 요동태수가 쳐들어와 동생 계수를 보내 막았

고구려 대신의 벽화상

고구려 대장간 마을 복원촌

으나 이기지 못했다. 이에 왕이 직접 정예기병을 거느리고 좌원에서 한군을 격퇴하였는데, 베어버린 적의 머리가 산처럼 쌓였다.

190년(재위 12) 가을, 왕후의 친척인 중외대부 패자 어비류와 평자 좌가려가 권력을 등에 업고 전횡을 일삼자 왕이 이를 벌하려 하였다. 이에 좌가려 등이 사연나와 함께 반란을 일으켜 191년 4월에 수도를 공격하였으나 패배하여 진압되었다.

반란을 진정시킨 뒤 그해에 왕은 평민 출신의 을파소를 등용하고 국상國相에 임명하였다. 구신舊臣들이 신진 세력인 을파소를 참소하자 왕은 '국상의 명령을 따르지 않는 자는 멸족할 것이다.' 라고 포고하였다. 이에 을파소는 왕의 정성에 감동하여 정치에 힘써 나라가 융성하였다.

194년(재위 16) 7월에 서리가 내려 곡식이 죽었다. 백성이 굶주리므로 창고를 열어 구제하였다. 겨울 10월에 왕이 질산으로 사냥을 나갔다가 길에서 앉아 우는 자를 보고 왜 우느냐고 물으니 그가 대답하였다.

"신은 매우 가난하여 늘 품팔이를 하여 어머니를 부양하여 모셔 왔는데 올해는 곡식이 자라지 않아 품팔이할 곳이 없어, 한 되 한 말의 곡식도 얻을 수 없어 우는 것입니다."

"아! 내가 백성의 부모가 되어 백성들을 이 지경에까지 이르도록 하였으니 나의 죄로다."

라며 옷과 음식을 주고 불쌍히 여겨 어루만졌다. 이에 내외의 담당 관청에 명하여 홀아비, 과부, 고아, 홀로 사는 노인, 병들고 가난하여 스스로 살아갈 수 없는 사람들에게 매년 봄 3월부터 가을 7월까지, 관의 곡식을 내어 백성 가구의 많고 적음에 따라 차등이 있게 *진휼대여하게 하고, 겨울 10월에 이르러 갚게 하였다. 이에 서울과 지방의 백성들이 모두 크게 기뻐하였다.

197년, 중국에서 큰 난리가 일어나 한인漢人들이 난리를 피해 투항해 오는 사람이 매우 많았다. 이때가 한나라 헌제 건안 2년이었다.

여름 5월에 왕이 서거하였다. 고국천故國川 들에 장사 지내고, 이름을 고국천왕이라 하였다.

진휼대여 즉, 진대법이다. 춘궁기에 가난한 백성에게 관곡을 빌려주었다가 추수기인 10월에 관에 환납하도록 하는 법. 이는 세도가의 고리대금업으로 인한 폐단을 막고, 양민들의 노비화를 막으려는 목적으로 실시한 제도였다. 이와 유사한 제도로는 고려의 의창, 조선의 환곡이 있다.

돼지 때문에 맺은 사랑과 아들

고국천왕이 아들이 없이 죽자 그 아우였던 연우가 즉위하니, 곧 산
상왕이다. 그는 고국천왕의 왕후이자 형수인 우씨의 지지를 받아 왕
위에 올랐기 때문에 그녀를 다시 왕후로 삼았다. 그러나 이들 사이에
도 아들이 없어서 산천에 아들 낳기를 기도하였다. 어느 날 밤에 꿈
을 꾸었는데, 하늘이 그에게 이렇게 계시했다.

"내가 너의 소후少后로 아들을 낳게 할 것이니 걱정하지 말라."

왕이 잠에서 깨어나 여러 신하들에게 물었다.

"꿈에 하늘의 계시를 받았는데 소후가 없으니 어찌 해야 하느냐?"

이때 파소가 대답하였다.

"하늘의 명령은 예측할 수 없으니 왕은 기다리십시오."

그 후 208년 11월에 하늘에 제사 지낼 돼지[郊豕]가 달아났다. 담당
자가 이를 쫓아갔는데 주통촌에 이르러 머뭇거리다가 잡지 못하였다.
그때 20세쯤 된 아름답고 요염한 여자가 웃으며 앞질러 가서 돼지를
잡아주었다. 왕이 이상하게 여겨, 밤에 그 여자의 집을 찾았다. 그 집
에서는 왕이 온 것을 알고 감히 거절하지 못하였다. 왕이 여자를 불
러서 정을 맺으려고 하니 그 여자가 말했다.

"대왕의 명을 감히 피할 수 없으나, 만약 아들을 낳으면 버리지 말
기를 바랍니다."

왕이 허락하고, 자정이 되어 궁으로 돌아왔다. 다음 해에 왕후가 이
사실을 알고 몰래 병사를 보내 죽이려고 하였다. 그 여자가 달아나자
추격하여 해치려고 하자 그 여자가 물었다.

"너희들이 지금 나를 죽이려고 하는 것이 왕의 명령이냐 왕후의 명령이냐? 지금 내 뱃속에 아들이 있는데 실로 왕이 남겨준 몸이다. 내 몸을 죽일 수 있으나 왕자도 죽일 수 있느냐?"

병사들이 감히 해치지 못하고 돌아와서 보고하자 왕후가 화가 나서 반드시 죽이려고 하였으나 이루지 못하였다. 왕이 이 말을 듣고 다시 그 여자의 집에 가서 물었다.

"네가 지금 임신하였는데 누구의 아들이냐?"

"첩은 평생 형제와도 자리를 같이 하지 않았는데 하물며 감히 다른 성씨의 남자를 가까이 하였겠습니까? 지금 뱃속에 있는 아들은 실로 대왕이 남기신 몸입니다."

이에 왕이 위로와 증여를 매우 후하게 하고 돌아와 왕후에게 말하니 마침내 감히 해치지 못하였다. 그해 9월에 주통촌의 여자가 사내아이를 낳았다. 왕이 기뻐서 말했다.

"이는 하늘이 나에게 대를 이을 아들을 준 것이다."

그리고 하늘에 제사 지낼 돼지의 일로 시작하여 다행히 그 어미를 얻었으므로 그 아들의 이름을 교체라 하고, 그 어미를 세워 소후로 삼았다.

고구려의 도전과 시련

　　고구려는 동북아의 요충지에 위치하고 있었지만 대부분 험준한 산하에 자리 잡고 있었다. 이 때문에 주변의 많은 나라들은 고구려를 서로 차지하려 했고, 고구려 또한 보다 풍족한 영토가 필요하게 되어서 주변 제국과 큰 마찰이 벌어지게 되었다. 이 시기는 제11대 동천왕(227~248)부터 제16대 고국원왕(331~371)까지로, 고구려는 서북방의 한족과 유목민족이 세운 나라와 격돌을 벌이는 한편 남쪽의 백제와도 부단히 영토 분쟁을 벌여야 했다. 또 안으로는 왕과 왕비의 계승권에 관한 귀족들의 세력 다툼이 일어나는 시련에 봉착하는 어려움을 겪게 되었다.

동천왕
밀우와 유유가 왕의 목숨을 구하다

동천왕東川王은 산상왕과 소후 사이에서 태어났으며 아명은 교체이다. 213년에 태자가 되었고, 227년에 제11대 왕으로 즉위했다. 성품이 너그럽고 어질어서 화를 내지 않았다고 한다. 왕후가 왕의 마음을 시험해 보려고 왕이 다른 곳으로 나가 놀기를 기다려 사람을 시켜 왕이 타는 말의 갈기를 자르게 하였다. 왕이 돌아와 '말이 갈기가 없어 가엾구나.' 라고 하였다. 또 시중드는 사람을 시켜 식사를 올릴 때 왕의 옷에 국을 엎질렀으나 역시 화를 내지 않았다.

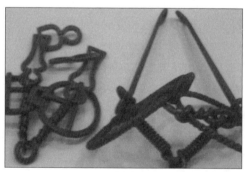

말걸이

동천왕 즉위 초기가 후한 말기로 중국은 위·촉·오 등 삼국으로 나뉘어 서로 치열한 세력 다툼을 하고 있었다. 때문에 고구려는 지리적으로 가깝고 가장 강성한 위나라에 사신을 보내 사이좋게 지냈다. 그러나 236년(재위 10)에 오왕 손권의 사신 호위를 보내 우호관계를 맺자고 제의하고 위나라와의 관계를 끊으라고 강요했다. 이에 화가 난 동천왕은 사신의 목을 베어 위나라에 보내기도 하였다. 그러자 크게 노한 오나라 왕 손권은 당시 요동 지방을 지배하고 있던 *공손연을 부추겨서 위나라와 함께 고구려를 치도록 종용했다.

238년(재위 12)에 위나라는 공손연이 자립하여 손권과 동맹할 것을 두려워 고구려와 함께 공손연을 토벌하자고 제의했다. 왕은 군사 1천여 명을 보내 위나라를 도와 멸망시켰다. 이에 자신감을 얻은 고구려는 242년(재위 16)에 요동의 서안평을 공격하여 대륙 진출의 발판으로 삼으려 했다.

그러자 위나라는 고구려를 또 다른 위협으로 느끼고, 244년(재위 18) 유주자사 관구검으로 하여금 고구려를 공격하도록 했다. 이에 동천왕은 2만 명의 군대를 동원하여 관구검의 군대를 비류수 근처에서 격파하고 적군 3천 명의 목을 베는 첫 승리를 거두었고, 그 여세를 몰아 양맥 계곡까지 추격하여 다시 3천 명을 죽이

공손연 중국 위나라의 무장(?~237). 위나라 명제明帝로부터 요동태수에 봉해졌고, 오나라 손권의 동맹 제의를 물리쳐, 스스로 연왕燕王이라고 칭하고 독자적으로 자립하려 했다.

철갑기병

고구려 계통의 장수상

거나 포로로 잡았다. 다시 왕이 철갑기병 5천 명을 거느리고 나아가 공격하였다. 관구검이 방진을 치고 결사적으로 싸우므로 아군이 크게 패하여 죽은 자가 1만 8천여 명이었다. 왕이 기병 1천여 기를 거느리고 압록원으로 달아났다.

겨울 10월에 관구검이 환도성을 공격하여 함락하고 사람을 죽이고 장군 왕기를 보내 왕을 추격하였다. 왕이 남옥저로 달아나 죽령에 이르렀는데, 군사들은 분산되어 거의 다 없어지고 오직 동부의 밀우만이 홀로 옆에 있다가 왕에게 아뢰었다.

"지금 추격해 오는 병력이 가까이 닥쳐와 언저리를 벗어날 수 없습니다. 청컨대 신이 결사적으로 저들을 막을 것이니 왕께서는 달아나소서."

마침내 결사대를 모아 그들과 함께 적진으로 가서 힘껏 싸웠다. 왕이 샛길로 달아나 산골짜기에 의지하여 흩어진 군졸을 모아 스스로 방비하면서 밀우를 데려오는 사람에게는 후한 상을 주겠다고 하였다. 하부의 유옥구가 앞으로 나아가 대답하기를,

"신이 가보겠습니다."

마침내 싸웠던 지역에서 밀우가 땅에 엎어져 있는 것을 발견하고 곧 업고 돌아왔다. 왕이 그를 무릎에 눕혔더니 한참 만에 깨어났다. 왕이 샛길로 여기저기 떠돌아다니다가 남옥저에 이르렀는데 위군은 추격을 멈추지 않았다. 왕이 계책이 궁하고 기세가 꺾이어 어찌할 바를 모르는데, 동부 사람 유유가 나서서 말하였다.

"형세가 매우 위태롭고 급박하나 헛되이 죽을 수는 없습니다. 신에게 어리석은 계략이 있습니다. 청컨대 음식을 가지고 가서 위군에 제공하고, 틈을 엿보아 저들의 장수를 찔러 죽이겠습니다. 만일 신의 계략이 성공하면, 왕께서는 분격하여 통쾌하게 승리를 거두소서."

왕이 그렇게 하겠다고 하였다.

유유가 위군에 들어가 거짓으로 항복하여 말하기를,

"우리 임금이 큰 나라에 죄를 얻고 도망쳐 바닷가에 이르렀는데 몸 둘 땅이 없어서 장차 진영 앞에서 항복을 청하고 죽음을 사구司寇에게 맡기려고, 먼저 소신을 보내 변변치 못한 물건을 드리어 부하들의 음식이나 하도록 하려 합니다."

위나라 장수가 이 말을 듣고 그 항복을 받으려 하자 유유가 식기에 칼을 감추고 앞으로 나아가 칼을 빼서 위나라 장수의 가슴을 찌르고 그와 더불어 죽으니, 위군이 마침내 혼란에 빠졌다. 왕이 군사를 세 길로 나누어 빠르게 공격하니, 위군이 시끄럽고 어지러워져서 싸우지 못하고 드디어 낙랑에서 퇴각하였다.

천신만고 끝에 돌아온 왕은 전란으로 폐허가 된 환도성이 수도로 적당하지 않다고 여겨 평양성을 쌓고 백성과 종묘와 사직을 옮겼다.

248년(재위 18) 2월에 신라가 사신을 보내 화친을 맺었다. 그해 9월에 왕이 서거하였다. 시원에 장사 지내고 동천왕이라 불렀다.

평양성

나라 사람들이 왕의 은덕을 생각하며 슬퍼하지 않는 자가 없었다. 가까운 신하들이 자살하여 따라 죽으려고 하는 자가 매우 많았다. 나라 사람들이 잡목[柴]을 베어 그 시체를 덮었으므로, 드디어 그 땅의 이름을 시원이라 하였다.

중천왕
투기하는 측실을 수장시키고 위나라 침입을 막다

중천왕中川王은 동천왕의 아들로 이름이 연불이다. 예의에 맞는 차림새를 하고 재주와 슬기가 뛰어나며 지략이 있었다. 243년에 태자가 되었고, 248년에 제12대 왕으로 즉위하여 연씨를 왕후로 삼았다. 즉위하던 해 11월에 동생 예물과 사구 등이 모반하여 처형시켰다. 250년 명림어수를 국상에 임명하고 그 권한을 확대하여 수도와 지방의 군권까지 겸하게 하였다.

251년(재위 4) 4월에 왕이 측실 관내부인을 가죽주머니에 넣어 서해에 던져버렸다. 관내부인은 얼굴이 매우 아름답고 고우며 머리카락 길이가 아홉 자나 되어, 왕이 그를 사랑하여 장차 소후로 삼으려 하였다. 왕후 연씨는 그녀가 왕의 총애를 독차지할 것을 두려워하여 왕에게 아뢰었다.

"제가 듣건대 서위가 장발을 구하는데 천금을 주고 사려고 한다고 합니다. 예전에 우리 선왕이 중국에 예물을 보내지 않아서 전란을 당하고 달아나 사직을 거의 잃을 뻔했습니다. 지금 왕께서 저들에게 사신 하나를 보내 장발 미인을 바치면, 저들이 반드시 흔쾌히 받아들이고 다시 침략하지 않을 것입니다."

왕이 그 뜻을 알고 대답하지 않았다. 관내부인이 그 말을 듣고 두려워하여 도리어 왕에게 왕후를 참소하여 말하기를,

"왕후가 늘 저에게 '시골 여자가 어떻게 여기에 있을 수 있지? 만일 스스로 돌아가지 않으면 반드시 후회할 것이다.' 라고 욕하였습니다. 생각해 보건대 왕후가 대왕의 출타를 틈타 저에게 해를 가하려고 하는 것이니 어떻게 하면 좋겠습니까?"

후에 왕이 기구에서 사냥을 하고 돌아오니, 부인이 가죽주머니를 들고 맞이하며 울면서 말하기를,

"왕후가 저를 이 속에 넣어 바다에 던지려고 하였습니다. 대왕께서는 저를 집으로 돌려보내주십시오. 어찌 감히 옆에서 모시기를 바라겠습니까?"

왕은 거짓말임을 알고 화를 내며 사람을 시켜 그를 던져버렸다.

259년(재위 12) 겨울 12월에 위나라의 장수 위지해가 병력을 이끌고 쳐들어왔다. 왕이 정예기병 5천 명을 골라 양맥 골짜기에서 싸워서 이를 물리쳤다. 베어버린 머리가 8천여 명이었다.

270년 10월에 왕이 서거하였다. 중천의 들에 장사 지내고 이름을 중천왕이라 하였다.

서천왕

달가, 숙신을 토벌하다

서천왕西川王은 중천왕의 둘째아들로 이름이 약로이다. 성품이 총명하고 도리를 알며 인자하여 나라 사람들이 사랑하고 존경하였다. 270년에 제13대 왕으로 즉위하고, 그 다음 해 정월에 서부 대사자 우수의 딸을 왕후로 삼았다.

272년(재위3) 4월에 서리가 내려 보리농사를 망치고 6월에 크게 가물었다. 그 영향으로 다음 해에 백성이 굶주리는 자가 많아지자 창고를 열어 구제하였다.

280년(재위 11) 10월에 숙신이 침략해 와서 변경의 백성을 살해하니 왕이 여러 신하들에게 말하기를,

"과인이 보잘것없는 몸으로 나라의 일을 잘못 이어받아 덕으로 편안하게 하지 못하고 위엄을 떨치지 못하여 여기에 이르러 이웃의 적이 우리 강역을 어지럽히게 되었다. 지략이 있는 신하와 용

맹한 장수를 얻어 적을 멀리 쳐서 깨뜨리고 싶으니, 그대들은 뛰어난 지략과 특이한 계략이 있고 그 재능이 장수가 될 만한 자를 각기 천거하라.”

여러 신하들이 모두 말하였다.

“왕의 동생 달가가 용감하고 지략이 있어 감히 대장으로 삼을 만합니다.”

왕이 이에 달가를 보내 적을 정벌하게 하였다. 달가가 뛰어난 지략으로 적을 기습하여 단로성을 빼앗고 추장을 죽이고, 6백여 가家를 부여 남쪽의 오천으로 옮기고, 부락 6~7곳을 항복받아 부용附庸으로 삼았다. 왕이 크게 기뻐하여 달가에게 벼슬을 내려 안국군으로 삼고 내외의 병마 업무를 맡아보게 하였으며 겸하여 양맥과 숙신의 여러 부락을 통솔하게 하였다.

286년(재위 17) 2월에 왕의 동생 일우와 소발 등 두 사람이 반역을 꾀하였다. 그들은 병을 사칭하고 온탕으로 가서 자기 무리들과 놀고 즐기는데, 절제가 없고 나오는 말은 도리에 어긋나고 흉악 불순하였다. 왕이 그들을 불러 거짓으로 재상의 벼슬을 내린다고 하고 그들이 오자 힘센 장사로 하여금 잡아서 죽였다.

292년 왕이 서거하였다. 서천의 들에 장사 지내고 이름을 서천왕이라 하였다.

봉상왕
폐위되어 자살한 폭군

봉상왕烽上王은 서천왕의 아들로 이름은 상부相夫였다. 어려서
부터 교만하고 방탕하며 의심과 시기심이 많았다고 한다. 292년
에 제14대 왕으로 즉위하자마자 왕권을 강화하기 위해 가장 먼저
숙부인 안국군 달가를 음모로 살해하였다. 왕은 달가가 아버지의
항렬에 있고 큰 공과 업적이 있어 백성들이 우러러보자, 이를 의
심하여 음모를 꾸며 죽였던 것이다. 이에 나라 사람들이 눈물을
흘리며 서로 조문하며 안타까워했다.

"안국군이 아니었으면 백성들이 양맥, 숙신의 난을 면할 수 없
었다. 지금 그가 죽었으니 장차 어디에 의탁할 것인가?"

또한 293년에는 동생 돌고에게 역모죄를 씌워 자살하게 하였으
며 도망친 돌고의 아들 을불을 추격하게 하였다.

그해 8월에 연나라의 모용외가 침입하였다. 이에 봉상왕은 신성

으로 대피하려 하였으나 적이 추격해 왔다. 이때 신성의 태수인 북부 소형 고노자가 5백 명의 기병을 거느리고 왕을 맞이하러 나왔다가 모용외의 군을 격파하였다. 봉상왕은 고노자를 대형으로 삼고 곡림을 식읍으로 주었다.

296년(재위 5) 8월에 모용외가 다시 침입해 왔다. 고국원에 이르러 서천왕의 무덤을 보고 사람을 시켜 파게 하였는데, 그들 중에 갑자기 죽는 자가 있고, 또 무덤 안에서 음악소리가 들리므로 귀신이 있는가 두려워하여 곧 물러갔다.

왕이 여러 신하에게 물었다.

"모용씨는 군대가 정력이 있고 강하여 우리의 강역을 거듭 침범하니 어찌해야 하겠는가?"

국상 창조리가 대답하였다.

"북부 대형 고노자는 현명하고 또 용감합니다. 대왕께서 만일 적을 방어하고 백성을 안정시키려면, 고노자 말고는 쓸 만한 사람이 없습니다."

왕이 고노자를 신성태수로 삼았는데 백성을 잘 다스려 위세와 명성이 있었으므로, 모용외가 다시 쳐들어오지 않았다.

298년(재위 7) 9월에 흉년이 들었는데, 왕은 나라 안의 남녀 15세 이상을 징발하여 궁궐을 증축하는 공사를 강행하여 원성이 높았다. 또 300년에도 흉년이 들어 백성들이 서로 잡아먹을 처참할 지경에 처했으나 다시 궁궐을 증축하니 백성들이 도망하는 사람이 많았다. 이에 국상 창조리가 왕에게 먼저 백성을 돌볼 것을 간곡하게 말했다.

"하늘의 재난이 거듭 닥쳐 올해 곡식이 자라지 않아서 백성들이 살 곳을 잃어버렸습니다. 장정들은 사방으로 흩어지고 노인과 어린아이는 구렁텅이에 굴러다닙니다. 이는 진실로 하늘을 두려워하고 백성을 걱정하며, 삼가 두려워하고 수양하며 반성해야 할 때입니다. 대왕께서 일찍이 이를 생각하지 않고 굶주린 사람들을 몰아 나무와 돌로 하는 공사에 고달프게 하는 것은 백성의 부모가 된 의미에 매우 어긋나는 것입니다. 하물며 이웃에 강하고 굳센 적이 있어 만일 우리가 피폐한 틈을 타서 쳐들어온다면 사직과 백성을 어떻게 하겠습니까? 바라옵건대 대왕께서는 이를 잘 헤아리소서."

그러나 봉상왕은 오히려 왕권의 지엄함을 보이기 위해서 궁실을 장엄하고 화려하게 꾸민다고 역설하며 창조리의 충성스런 간언을 무시했다. 이에 창조리가 왕이 고치지 않을 것으로 알고, 또 해가 미칠 것을 두려워하여 물러 나와서 여러 신하들과 함께 모의하여 왕을 폐하고, 을불을 맞이하여 왕으로 삼았다. 왕이 화를 면하지 못할 것으로 알고 스스로 목매어 죽으니 두 아들도 따라서 죽었다. 봉산의 들에 장사 지내고 이름을 봉상왕이라 하였다.

미천왕

소금장수에서 왕이 되어 한사군 세력을 축출하다

　미천왕美川王은 서천왕의 아들인 고추가 돌고의 아들로 이름은 을불이다. 봉상왕이 돌고가 역심을 품고 있다고 의심하여 그를 죽이니, 을불이 살해당할 것을 두려워하여 달아났다. 300년에 국상 창조리가 봉상왕을 폐위하고 그를 찾아와 왕으로 옹립하였다.

　왕위에 오르기 전에 그는 신분을 속이고 수실촌의 사람인 음모의 집에 지내면서 고용살이를 했다. 음모는 그가 어떤 사람인지 알지 못하고 매우 고되게 부렸다. 고난을 이기지 못하고 1년 만에 그 집을 떠나, 동촌 사람 재모와 함께 소금 장사를 하였다. 이에 몸과 얼굴이 야위고 의상이 남루하여 사람들이 그를 보고도 그가 왕손인 줄을 알지 못하였다.

　이때 국상 창조리가 장차 왕을 폐하려고 먼저 북부의 조불과 동부의 소우 등을 보내 산과 들을 물색하여 을불을 찾게 하였다. 비류 강변에 이르러 배 위에 있는 한 장부를 보니, 몸과 얼굴은 비록 초췌하나 동작이 보통이 아니었다. 소우 등이 이 사람이 을불이 아닌가 하고 나아가 절을 하며 말했다.

"지금 국왕이 무도하여 국상과 여러 신하들이 함께 왕을 폐할 것을 몰래 꾀하고 있습니다. 왕손은 행실이 검소하고 인자하여 사람을 사랑하므로 나라 다스리는 일을 이을 수 있다고 하여, 신들을 보내 맞이하게 하였습니다."

"나는 야인이지 왕손이 아닙니다. 다시 자세히 살펴보십시오."

을불이 의심하여 말했다. 그러자 소우 등이 다시 간청했다.

"지금의 임금은 인심을 잃은 지 오래되어 나라의 주인이 될 수 없는 까닭에 여러 신하들이 간절히 왕손을 기대하는 것이니 청컨대 의심하지 마소서."

그리하여 그를 받들어 모시고 돌아가니 창조리가 기뻐하며 조맥 남쪽 집에 모셔두고 다른 사람이 알지 못하게 하였다.

9월에 봉상왕이 후산 북쪽에서 사냥하였다. 국상 창조리가 따라갔는데 그가 여러 사람들 앞에서 관에 갈댓잎을 꽂으며 말했다.

"나와 마음을 같이하는 자는 나를 따라서 하라."

이에 여러 사람들이 모두 갈댓잎을 꽂았다. 창조리가 여러 사람들의 마음이 모두 같은 것을 알고, 드디어 함께 왕을 폐하여 별실에 가두고 병력으로 주위를 지키게 하고, 왕손을 모셔다가 옥새와

인수를 바치어 왕위에 오르게 하였다.

왕으로 즉위한 후부터 주변의 한사군 세력을 몰아내는데 힘을 쏟았다. 302년(재위 3)에는 현도군을 공격하여 적 8천여 명을 사로잡아 평양으로 옮겼으며, 311년(재위 12)에는 장수를 보내 요동 서안평을 공격하여 점령하였다. 또 313년(재위 14)에는 낙랑군을 공격하여 남녀 2천여 명을 포로로 잡았다. 314년에는 대방군을 공격하였으며 317년(재위 18)에 다시 현도성을 공격하여 죽이고 사로잡은 자가 매우 많았다.

중국 군현 세력이 축출된 이후 요서 지방에서 선비족의 일파인 모용부가 세력을 확대함에 따라 서로 대립하게 되었다. 318년 경, 서진의 평주자사 최비가 선비족의 다른 부족인 단부·우문부와 함께 모용외를 공격하자고 제의하여 함께 공격하였지만 실패로 끝났다. 이후 모용부가 요동을 장악하면서 더욱 격렬하게 대립하였다. 319년(재위 20)에는 최비가 모용부에게 요동을 빼앗기고 고구려로 망명해 왔는데, 이를 추격하던 모용부의 공격으로 하성을 지키던 고구려의 장수 여노가 포로로 잡혔다. 이에 미천왕은 자주 군사를 일으켜 요동을 공격하였고, 모용외 역시 두 아들을 보내 공방전을 거듭하다가 잠시 휴전하기도 했다. 330년(재위 31)에는 모용부를 견제하려고 후조後趙의 석륵에게 사신을 보내 외교관계를 맺었다.

331년에 서거하였으며 미천의 들에 장사 지냈다.

고국원왕

백제와 싸우다 전사한 비운의 왕

고국원왕故國原王은 미천왕의 아들이고 이름은 사유, 또는 쇠라고도 불렀다. 어머니는 주씨부인이고, 331년 2월에 제16대 왕으로 즉위하였다. 그 다음 해에 왕이 졸본에 가서 시조 사당에 제사를 지내고, 백성들을 두루 방문하여 늙고 병든 자들을 구제해 주었다.

당시 고구려는 요동 지역 확보를 위하여 선비족의 일파인 모용부가 세운 전연과 대립하고 있었다. 때문에 왕은 334년(재위 4)에는 평양성을 증축했고, 335년에는 신성新城을 축성하고, 몇 년 후 환도성과 국내성을 증축하는 등 변경의 방비를 갖추었다. 또한 외교적으로 전연을 견제하기 위해 336년에 동진에 사신을 파견하고, 그리고 338년에는 후조와도 외교관계를 맺었다.

그러나 342년(재위 12)에 전연의 모용황이 도읍을 용성으로 옮

환도성

국내성

기고 중원을 공격하기 전에 고구려를 먼저 침공해 왔다. 전연은 모용한의 계책에 따라 북쪽으로는 왕우가 이끄는 1만 5천 명의 소수의 군대를 먼저 보내고, 모용황과 한수는 험난한 남쪽 길로 5만 대군을 보내는 기만전술을 펼쳤으며, 이에 속은 고구려군은 북쪽으로 왕의 아우 무가 이끄는 정병 5만을 파견하고 남쪽은 왕이 직접 소수의 군대로 지켰다. 이에 고구려군은 남쪽 길에서 크게 패해 장군 아불화도가 전사하고 환도성은 함락되었으며 왕은 단신으로 단웅곡으로 피신하였다. 왕을 추격한 전연군은 모후 주씨와 왕비를 포로로 잡았으나 북쪽 길에서 무의 군대가 크게 승리하였기 때문에 전연군은 퇴각하였다. 전연군은 퇴각하는 길에 미천왕의 무덤을 파서 그 시신을 싣고 창고 안에 있던 여러 대에 걸친 보물을 약탈하였으며, 남녀 5만여 명을 사로잡고, 궁실을 불태우고, 환도성을 헐어버리고 돌아갔다.

다음 해 왕은 국도를 평양 동황성으로 옮기고, 전연에 동생을 보내어 많은 공물을 바치고 미천왕의 시신을 돌려받았다. 또 355년(재위 25)에도 전연에 사신을 보내 인질과 조공을 바치면서 어머니를 돌려보내주기를 청하였다. 연왕이 이를 허락하고 장군 도감을 보내 왕의 어머니 주씨를 호송하여 귀국하게 했다.

370년(재위 40) 전진이 전연을 격파하고 고구려와 경계를 접하게 됨에 따라 전진과의 우호 수립에 노력했다.

한편 백제가 한반도 중부지역 진출을 꾀하자, 369년에 왕이 직접 2만여 명을 이끌고 백제를 침공했으나 치양(황해도 배천) 전투에서 백제 태자에게 패했다. 371년 백제의 근초고왕이 병력 3만 명을 거느리고 평양성을 공격해 왔다. 이에 왕이 군대를 내어 막다가 화살에 맞아 서거하였다. 고국故國의 들에 장사 지내고 고국원왕이라 칭했다.

고구려의 도약과 전성

　　17대 소수림왕(371~384)부터 제21대 문자명왕(491~519)까지 고구려는 기존의 제도와 문화를 정비하고 불교를 받아들이며 태학을 설립해 인재를 키우고 율령을 반포하는 등 체계적인 통치체계를 다졌다. 또한 대외적으로 영토가 더욱 넓어지고 힘이 매우 강하여 중국의 후연을 격파하고 요동 일대는 물론이고 북만주, 연해주, 한강 이남에 이르기까지 광대한 영토를 개척하고 더불어 부강한 경제력을 겸비하여 고구려 최고의 전성기를 맞이했다. 이 당시의 국력은 중국의 남북조 국가들과 어깨를 나란히 할 정도였고, 명실상부한 동북아의 패자로 자처했다.

소수림왕

불교를 도입하고 태학을 세웠으며 율령을 반포하다

소수림왕小獸林王은 고국원왕의 맏아들로 이름은 구부이다. 키가 크고 웅대한 계략이 있었다. 고국원왕이 백제와의 전투에서 서거하는 절체절명의 위기 속에 제17대 왕으로 즉위하였다. 때문에 국내외의 위기관리와 지배체제와 사상을 새롭게 정비해야 한다는 필요성이 대두되었다.

그리하여 372년(재위 2) 전진으로부터 불교를 도입하여 호국사상으로 삼았다. 이때 승려 순도가 외교사절과 함께 불상과 경전을 가지고 왔으며, 374년에는 아도가 들어왔다. 왕은 초문사와 이불란사를 창건해 각각 순도와 아도를 머물게 했다. 이것이 우리나라 불교의 시작이었다.

또한 372년 태학을 설립하여, 유교적 정치이념에 충실한 인재를 양성하여 중앙집권적 정치제도에 적합한 관리를 양성하였다.

그리고 다음 해에는 율령을 반포하여 국가통치와 사회질서 유지를 위한 규범들을 갖추어 고구려 전성기의 기틀을 마련하였다.

차츰 나라가 안정되자 소수림왕은 고국원왕의 원수를 갚기 위해 백제를 공격하기 시작했다. 375년(재위 5)에는 백제의 수곡성을 빼앗고, 다음 해에는 백제의 북쪽을 공격했다. 또 377년에는 3만 대군의 백제군 침공을 물리쳤다. 중국과의 대외관계에서 그동안 고구려를 괴롭혔던 전연이 멸망하고, 새로운 강자로 떠오른 전진과의 외교관계를 맺음으로써 서북방의 방비에 따른 국력의 낭비를 최소화하려고 하였다. 그러나 378년에 극심한 가뭄이 든 상태에서 거란의 침략을 받아 여덟 부락을 빼앗기기도 했다.

384년에 왕이 서거하여 소수림小獸林에 장사 지내고 이름을 소수림왕이라 하였다. 아들이 없어 동생 이련이 다음 제위에 즉위하였다.

고국양왕

종묘를 수리하고 사직을 세우다

고국양왕故國壤王은 소수림왕의 동생으로 이름은 이련 혹은 어지지라고도 한다. 384년에 제18대 왕으로 즉위했고, 광개토대왕의 아버지이다. 소수림왕이 이룩해 놓은 국내 정치의 안정을 바탕으로 적극적인 대외활동을 추진하였다.

385년(재위 2) 6월에 왕이 병력 4만 명을 내어 요동을 공격하여, 마침내 요동과 현도를 빼앗고 남녀 1만 명을 포로로 잡아 돌아왔다. 그러나 겨울에 다시 후연에게 빼앗겼다.

남쪽의 백제와도 치열하게 전쟁을 벌였는데 백제를 견제하기 위해 392년에 신라 내물마립간과 우호관계를 맺고 실성을 인질로 보냈다. 또한 불교를 장려하는 한편 관청에 명하여 나라의 종묘를 수리하고 사직을 세우는 등 국가체제의 확립에도 이바지했다. 이 해에 서거하니 고국양에 장사 지내고 고국양왕이라 했다.

광개토대왕

사방으로 영토를 넓힌 위대한 정복 군주

광개토대왕廣開土大王은 고국양왕의 아들로 이름이 담덕이다. 씩씩하고 뛰어나며 대범한 뜻이 있었다. 391년에 제19대 왕으로 즉위하니, 이때의 나이가 18세였다.

즉위 초부터 대외적인 정복 사업을 정력적으로 펼쳤다. 392년 (재위 2) 7월에 남쪽으로 백제를 쳐서 10개의 성을 빼앗았다. 또 10월에 백제의 낙공불락으로 알려진 관미성을 공격하여 함락시켰다. 그 성은 사면이 가파른 절벽으로 바닷물이 둘러싸고 있어 왕이 군사를 일곱 길로 나누어 20일 동안 공격하여 함락시켰다. 백제가 잃어버린 땅을 되찾기 위해 남쪽 변경을 침범하니 장수에게 명하여 이를 막았다.

다음 해 7월에 백제가 침략해 오니 왕이 정예기병 5천 명을 거느리고 맞받아쳐서 이를 패배시켰다. 8월에 나라 남쪽에 7성을 쌓아 백제의 침략에 대비하였다. 394년(재위 4)에는 왕이 직접 패수 위에서 백제와 싸워 대승을 거두었고 사로잡은 포로가 8천여 명이나 되었다. 396년부터 대대적으로 백제를 공격하여 아리수 이북의 58개 성, 7백여 개 촌락을 공략하고 위례성을 포위하였다.

광개토대왕

고구려의 위력적인 공격 앞에 무너진 백제 아신왕은 그만 항복하여 아신왕의 동생과 백제의 대신 10명을 인질로 보냈다. 그러나 아신왕은 진심으로 고구려에게 항복한 것이 아니었기 때문에 복수를 하기 위해 태자를 왜국에 볼모로 잡히는 고육책을 써서 원병을 요청했다. 그리하여 왜군이 도착하자 아신왕은 가야와 함께 연합하여 신라를 공격하고, 고구려에게 빼앗긴 옛 대방군 지역을 공격했다. 이에 광개토대왕은 보병과 기병 5만 명을 신라로 보내 백제와 왜군을 격퇴하고 가야까지 공격하여 항복을 받아냈다.

한편 392년에는 북쪽으로 거란을 공격하여 5백여 명을 포로로 잡고 거란으로 끌려갔던 고구려인 1만여 명을 되찾아왔으며, 395년(재위 5)에는 거란의 일파로 추정되는 비려를 공격하여 염수 일대의 3개 부락과 6~7백 개 영營을 격파하고 많은 가축을 노획하였다. 또한 398년(재위 8)에는 숙신을 정벌하여 복속시켰으며 410년(재위 20)에는 동부여를 공격하여 굴복시켰다.

그리고 서쪽으로 모용씨의 후연과도 요동에서 치열한 전쟁을 벌였다. 즉위 초에는 후연과의 관계가 우호적이어서 399년에는 사절을 파견하기도 했으나, 후연의 왕이 광개토대왕의 예절이 오만하다는 핑계로 몸소 병력 3만 명을 거느리고 침입해 왔다. 그리하여 신성과 남소성 등 두 성을 쳐서 빼앗고 땅 7백여 리를 넓히고 5천여 호를 이주시켜 놓고 돌아갔다. 이에 광개토왕은 보복전을 펼쳐 402년(재위 12)에 숙군성을 공격하니, 연나라의 평주자사 모용귀가 성을 버리고 달아났다. 403년에도 후연을 공격하였다. 이 과정에서 고구려는 요동성을 비롯한 요동 지역을 장악하였으며 이를 회복하기 위해 쳐들어온 후연군을 요동성, 목저성 등지에서 격파하여 요동 지방을 완전히 장악하였다.

또한 407년(재위 17)에는 5만 군대를 동원하여 후연 군대를 격파하고 막대한 전리품을 노획하여 돌아오는 길에 6개 성을 점령하였다. 후연을 견제하기 위해 남연과 우호관계를 맺기도 하였고, 얼마 지나지 않아 후연이 멸망하고 고구려계인 고운이 북연을 건국하자 408년에 우호관계를 맺음으로써 서쪽 국경을 안정시켰다.

이로써 고구려의 영역이 서로는 요하, 북으로는 개원과 영안, 동으로는 혼춘, 남으로는 임진강 유역까지 확장되어 명실상부한 동북아의 패자로 등극하였다.

광개토대왕 연호가 새겨진 글

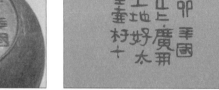

호우 탁본

광개토대왕은 정복사업과 더불어 내치에도 힘썼다. 왕은 장사·사마·참군 등의 중앙관직을 신설했다. 또 평양을 중시하여 392년에는 9개의 절을 평양에 창건하고 399년에는 왕이 직접 평양에 행차하기도 하였다. 409년(재위 19)에는 나라 동쪽에 독산성 등 6개의 성을 쌓고 평양의 민호民戶를 옮겨 살게 하였으며 다음 장수왕 때 단행되는 평양 천도의 발판을 마련하였다.

광개토왕릉비

이러한 내치의 결과로 광개토왕릉비에는 '나라가 부강하고 백성이 편안하였으며 오곡이 풍성하게 익었다.' 라고 칭송하는 기록이 남기도 하였다. 412년에 39세라는 젊은 나이에 세상을 떠났는데, 역대 왕릉의 정비에 힘써 수묘인守墓人 제도를 정비하고 실시할 것을 아들에게 유언했다. 그는 재위기간 동안 영락이라는 연호를 사용하여 영락대왕이라고도 일컬어졌다. 또 64개의 성과 1천4백 개의 촌락을 정벌하여 영토를 크게 넓혔기 때문에 '국강상광개토경평안호태왕', '국강상광개토지호태왕', '국강상광개토지호태성왕' 등으로 불렸고, 줄여서 광개토대왕 또는 광개토태왕이라 불렀다.

장수왕
고구려 최전성기의 왕

    장수왕長壽王은 광개토대왕의 맏아들로 이름이 거련 혹은 연이라고 한다. 몸과 얼굴이 크고 잘생겼으며 뜻과 기운이 호걸을 초월하였다. 광개토대왕 18년에 책립하여 태자를 삼았고, 412년에 광개토대왕이 서거하자 20살의 패기만만한 나이로 제20대 왕위에 올랐다.

    장수왕이 즉위할 무렵 중국의 정세는 매우 긴박하게 변했다. 즉, 당시 북중국은 여러 민족들이 각축을 벌이다가 선비족 탁발부가 세운 북위가 강자로 등장하여 점차 북연을 병합하는 추세였고, 남중국은 한족에 세운 동진東晉(317~420)·송宋(420~479)·남제南齊(479~502)가 차례로 흥망을 거듭하고 있었다. 이에 장수왕은 백제와 북위를 견제하기 위해 즉위 초부터 동진에 사신을 파견했고, 동진에 이어 등장한 송과 남제와도 긴밀한 외교관계를 유지했다. 또 북위에도 사신을 교환하여 국교를 맺었고, 북연과도 전통적인 우호관계를 유지하여 불필요한 전쟁에 휘말리지 않도록 노력했다.

427년(재위 15) 장수왕은 변화무쌍하게 변하는 북중국의 위협적인 세력에 대처하고, 효율적인 국정을 운영하기 위해 수도를 국내성에서 평양성으로 옮겼다. 북쪽에 있었던 국내성은 천혜의 요충지였지만 북중국과 너무 가깝고 또 주변에 넓은 평야가 없었던 것이 흠이었다. 이에 반해 평양은 서해와 대동강을 끼고 넓은 평야를 지니고 있어 교역과 경제의 중심지가 될 수 있었기 때문이었다.

435년(재위 23) 북위가 자주 북연을 공격하여 멸망할 위기에 몰리자 북연의 왕 풍홍이 고구려로 망명을 요청했다. 이에 장수왕은 장수 갈로와 맹광을 보내 북연의 왕과 그 백성들을 맞이하게 하였다. 북위에서는 이 소식을 듣고 북연의 왕을 자신들에게 넘기라고 했지만 고구려에서 거절했다. 이에 화가 난 북위의 왕은 고구려를 공격하려고 했으나 북위의 배후에 있는 유목국가인 유연이 자신들을 노리고, 또 남중국의 송나라와 대치하고 있던 상황이라 섣불리 고구려를 공격할 수가 없었다. 장수왕은 이러한 상황을 냉철하게 파악하고 북연 왕의 망명을 받아주었던 것이다.

그러나 망명해 온 북연의 왕 풍홍이 자신의 처지를 잊고 거드름을 피우자 분노한 장수왕은 그의 심복을 빼앗고 아들을 인질로 삼았다. 이에 불만을 품은 풍홍은 몰래 송나라에 망명을 요청했다.

이 사건으로 말미암아 고구려는 물론이고 북위와 송나라 모두 미묘한 처지에 빠지게 되었다. 북위는 계속하여 풍홍을 자신들에게 보내라고 요구했고, 송나라 역시 사신 왕백구를 파견하여 풍홍을 자신의 나라로 보내달라고 요청했다. 이에 진퇴양난에 빠진 장수왕은 일단 송나라의 왕백구에게 풍홍을 넘겨준 후에, 별도로 장수를 보내 국경 부근에 이르렀을 때에 처단하도록 했다. 이러한 장수왕의 조치는 고구려나 북위, 송나라 모두에게 이득도 손해도 없도록 배려한 조치였다.

이로써 풍홍으로 인한 세 나라의 외교적인 갈등은 일단락되었다. 북위와 송은 서로 대치상황이라 고구려가 자신들의 편에 서주길 내심 바랐기 때문에 더 이상 불필요한 충돌과 마찰을 원하지 않았다. 이 때문에 고구려는 두 나라와 외교적으로 관계를 계속 유지하면서도 평화를 유지할 수 있었다.

서북방이 안정되자 장수왕은 그동안 미뤄두었던 남진정책을 서서히 추진하였다. 이에 위협을 느낀 백제는 신라와 화친을 맺고 고구려의 침입에 대비하고 있었다. 440년(재위 28)에 신라의 하슬라 성주 삼직이 고구려 변방의 장수를 죽이는 사건이 발생했다. 이에 고구려가 군사적 보복을 단행하려고 하니, 신라가 고구려에 사신을 보내 사죄하였다. 고구려는 일단 신라의 사죄를 받아들여 한동안 평화를 유지하였으나 신라가 백제와 군사동맹을 맺고 고구려에 대해 적대적인 입장으로 선회하자 장수왕은 454년(재위 42) 7월에 군사를 동원하여 신라의 북쪽 변경을 공격하고, 이듬해 음력 10월에는 백제를 공격하였다. 이에 신라와 백제는 연합군을 만들어 고구려에 결사적으로 대항하여 한동안 공격을 그만두었다.

468년에 장수왕은 말갈 군사 1만 명을 동원하여 신라의 실직주성을 빼앗았다. 또 475년(재위 63)에 3만 명의 대군을 거느리고 백제를 침입하여 도성인 한성을 함락하고 그 왕 부여경扶餘慶[개로왕]을 사로잡아 지금의 아차성 밑에서 참수하고 남녀 8천 명을 포로로 잡아 돌아왔다. 이로써 고국원왕이 백제의 근초고왕에게 죽임을 당한 보복을 했다. 이 사건으로 백제는 한성이 완전히 붕괴되어 도읍을 웅진으로 옮겼다. 489년(재위 77)에는 병력을 보내 신라의 호명성(경북 청송군 호명산) 등 일곱 개의 성을 점령하였다.

이로써 고구려의 영토는 동으로는 훈춘, 남으로는 아산만에서 동쪽의 죽령에 이르렀고, 북서쪽으로는 요하 동쪽의 만주지방 대부분을 차지하게 되어 고구려 최고의 전성기를 이룩하게 되었다. 또한 장수왕은 종전의 부족제도를 지방제도

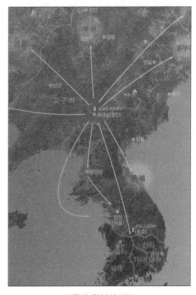

고구려 전성기 지도

장군총

로 고쳐 5부를 개설하는 등 민정에도 개혁을 단행하였다.

491년에 장수왕이 98세의 나이로 서거하였다. 고구려에서 가장 장수한 왕 중의 한 사람이라 장수왕이라 하였다. 위의 효문제가 이 소식을 듣고 의관을 정중하게 갖춰 입고 동쪽 교외에서 애도식을 거행하고, 이안을 보내 장수왕을 '거기대장군 태부요동군 개국공고구려왕'으로 책립 추증하고, 시호를 강康이라 하사했다.

문자왕

부여의 투항을 받아들이고 영토를 잘 유지시키다

문자왕文咨王은 장수왕의 손자로 이름은 나운이다. 아버지는 고추대가 조다인데, 아버지를 여의고 장수왕 밑에서 자라다가 제21대 왕위에 올랐다. 즉위한 직후부터 장수왕의 대외정책을 이어받아 중국과는 평화적인 외교관계를 유지했고, 백제와 신라와는 여러 차례 영토 쟁탈전을 벌였다.

494년(재위 3)에 부여가 숙신의 물길족에 쫓겨 고구려에 항복하여 완전 복속되었다. 같은 해 7월에 신라군과 살수에서 전투가 벌어져 신라가 패하여 견아성으로 들어가 농성하자 이를 포위하였으나, 백제가 3천 명의 구원군을 보내 공격해서 후퇴하였다. 495년에 군사를 보내 백제의 치양성을 포위하였으나, 이번에는 신라가 장군 덕지를 보내서 백제를 구원하므로 물러났다. 496년 군사를 보내 신라의 우산성을 공격하였으나 이하에서 패하였다. 이듬

해인 497년에 다시 우산성을 공격하여 성을 함락시켰다.

498년(재위 7) 정월에 왕자 흥안을 태자로 삼고 평양에 금강사를 세워 불교를 장려하였다. 다음 해 백제의 백성이 굶주려 2천 명이 투항해 왔다. 503년(재위 12)에 백제의 달솔과 우영이 군사 5천 명을 거느리고 수곡성으로 쳐들어왔으나 막아내었다. 506년 겨울에 백제를 쳤으나 큰 눈이 내려 동상에 걸린 병사가 많아 돌아왔다. 507년에 장수 고노를 시켜서 말갈군과 함께 백제의 한성을 공격하려 하였으나, 횡악과 싸우다가 물러났다. 512년(재위 21) 9월에 백제를 침략하여 가불과 원산 두 성을 함락시키고, 포로 1천여 명을 사로잡았다. 519년에 왕이 서거하자 문자명왕 또는 명치호왕이라고 불렀다.

문자왕은 광개토대왕과 장수왕을 거쳐 세력이 강해지기 시작한 고구려의 판도를 잘 유지하고 강성하게 만들었다. 그러나 달도 차면 기울 듯이 고구려의 전성 시기는 문자왕의 아들인 제22대 안장왕과 제23대 안원왕, 제25대 양원왕 대에 이르러 기울기 시작하여 왕위 계승을 둘러싼 내부 권력다툼과 돌궐족의 침입으로 급격하게 기울었다.

고구려의 저력과 멸망

  고구려의 국력에 위협을 느끼던 중국의 통일왕조는 급기야 전면전을 벌이게 되었다. 이 시기는 제25대 평원왕(559~590)부터 제28대 보장왕(642~668)까지였다. 먼저 수나라의 개국황제인 문제는 30만 대군을 이끌고 고구려를 공격해 왔다. 그러나 고구려의 매서운 반격과 전염병으로 인해 뜻을 이루지 못하고 돌아갔다. 뒤를 이은 양제 역시 113만의 대군을 이끌고 다시 고구려를 침공했지만 을지문덕의 살수대첩으로 대패하고 물러났으며, 그 영향으로 수나라는 멸망하고 만다. 또 당나라 역시 태종 때에 이르러 수십만의 대군을 이끌고 공격해 왔지만 번번이 실패하고 만다. 그러나 고구려는 오랜 전쟁으로 인한 국력 소비와 내분으로 인하여 결국 와해되고 만다.

평원왕

장안성으로 도읍을 옮기다

평원왕平原王은 양원왕의 맏아들로 이름이 양성이다. 담력이 있고 말 타기와 활쏘기를 잘하였으며, 559년에 제25대 왕위에 올랐다. 즉위 초부터 왕은 전대 선왕들에 의해 실추된 왕권을 강화하고 내부 결속을 위해 졸본에 있는 동명성왕의 사당에 참배하고 감옥에 갇힌 죄수 중에 큰 죄를 저지른 자가 아니면 풀어주어 화해의 분위기를 조성하였다. 대외적으로는 중국의 남북조와 두루 외교관계를 맺는 정책을 폈으며, 581년(재위 23)에는 수나라 고조[文帝]로부터 대장군요동군공이라는 관작을 받았다.

또한 내정에 힘써서 불쌍한 백성을 구휼하고 흩어진 민심을 수습하는데 많은 노력을 기울였다. 581년(재위 23) 7월에는 서리와 우박이 곡식을 해쳐 백성들이 굶주리므로 왕이 돌아다니며 어루만지고 구휼하였다. 583년 2월에는 명령을 내려 급하지 않은 일을 줄이고, 사신을 군과 읍으로 보내 농사와 누에치기를 권장하였다.

586년(재위 28) 평양 대성산에서 장안성으로 도읍을 옮겼다. 589년(재위 31) 중국에서는 수나라가 진나라를 멸망시켜 중국을 통일하였다. 고구려는 수나라가 건국된 직후부터 사신을 보내 외교관계를 맺었으나, 수나라는 점차 고구려를 공격하려는 야심을 드러냈다. 당시 수나라 고조가 왕에게 보낸 국서는 다음과 같다.

"고구려는 비록 외진 곳에 있다고는 하나 정성과 예절을 다하지 않는다. 그대의 지방이 비록 땅이 좁고 사람이 적다고 할지라도 지금 만약 왕을 쫓아낸다면 비워둘 수 없으므로 마침내 관청의 아전과 하인을 다시 선발하여 그곳에 가서 다스리게 해야 할 것이다. 왕이 만약 마음을 새롭게 하고 행실을 고쳐 법을 따른다면 곧 짐의 좋은 신하가 될 것이니, 어찌 수고롭게 별도로 재주 있는 사람을 보내겠는가? 왕이 요수가 넓다고 말하나 어찌 장강만 하겠으며, 고구려 인구의 많고 적음이 진陳나라만 하겠는가? 짐이 만일 포용하고 기르려함이 없고 이전의 잘못을 질책하려 한다면, 한 장군에게 명할 것이지 어찌 많은 힘을 필요하겠는가? 하여 은근히 타이르고 왕이 스스로 새로워지도록 할 뿐이다."

이에 왕은 나라 안의 병기를 수선하고 곡식을 축적하여 수나라의 공격에 대비할 준비를 하였다. 다음 해 평원왕이 서거하였고 평강상호왕이라 불렀다.

평강공주와 온달장군

온달과 평강공주

온달장군

온달溫達은 고구려 평원왕 때의 사람이다. 용모가 못생겨서 우스울 정도였지만 마음속은 환하고 똑똑했다. 그러나 집이 매우 가난하여 항상 음식을 구걸해서 어머니를 봉양하였다. 너덜너덜한 옷을 입고, 해진 신발을 신은 채로 사람들이 모여 사는 곳을 왔다갔다하였으니, 당시 사람들이 그를 보고 '바보 온달'이라 불렀다.

평원왕의 어린 공주가 잘 울었다. 이에 왕이 공주에게 놀렸다.

"너는 항상 울어서 내 귀를 시끄럽게 하는구나. 어른이 되면 사대부의 아내가 되기는 어렵겠다. 마땅히 바보 온달에게 시집가야겠구나."

공주가 16세가 되자, 왕은 그녀를 상부 고씨에게 시집보내려고 하니 공주가 말했다.

"대왕께서 항상 말씀하시기를 '너는 반드시 온달의 아내가 되어야 한다.'고 하셨는데 지금 어찌 그 말씀을 고치려 하십니까? 평범한 사내도 말을 번복하지 않는데 하물며 임금께서는 어떻겠습니까! 그러므로 '임금은 실없는 말이 없다.'고 하였습니다. 지금 대왕의 명령은 잘못되었으니 저는 감히 명령을 받들 수 없습니다."

왕이 화를 내며 말했다.

"네가 나의 명령을 따르지 않는다고 한다면, 진실로 나의 딸일 수 없다. 어찌 같이 살 수 있겠는가! 마땅히 네 갈 곳으로 가거라."

이리하여 공주는 값비싼 팔찌 수십 개를 팔꿈치에 걸고서 홀로 궁을 나왔다. 온달의 집을 물어 그의 집에 도착한 공주는 장님인 온달의 늙은 어머니를 보고 가까이 다가가 절을 하고, 그 아들이 있는 곳을 물었다. 노모가 대답하였다.

"내 아들은 가난하고 누추하여 귀한 분께서 가까이 할 사람이 못 됩니다. 지금 당신의 향기로운 냄새를 맡으니 범상하지 않고, 그대의 손을 만져보니 부드러운 것이 마치 솜과 같습니다. 반드시 천하의 귀한 분일 겁니다. 누구의 속임수에 빠져서 여기까지 오셨습니까? 아마도 내 자식은 굶주림을 참지 못하고 산속으로 느릅나무 껍질을 가지러 간 듯한데, 오래도록 돌아오지 않고 있습니다."

이에 공주는 집에서 나와서 산 아래로 갔다. 느릅나무 껍질을 메고 오는 온달을 보고, 공주는 그에게 자신이 품은 생각을 이야기하였다. 온달은 얼굴빛을 바꾸며 대답했다.

"이는 어린 여자가 마땅히 할 행동이 아니니, 분명히 사람이 아니고 여우귀신일 것이다. 나에게 다가오지 마라!"

그리고 뒤도 돌아보지 않고 갔다. 이에 공주는 홀로 온달의 집 부근으로 돌아와 사립문 아래에서 묵었다. 아침이 밝자 다시 집안으로 들어가 온달과 그 어머니에게 자세히 말하였다. 온달이 우물쭈물 결정을 내리지 못하자 그 어머니가 말했다.

"제 자식은 매우 누추해서 귀하신 분의 배우자가 되기에 부족하고, 저희 집은 지극히 가난하여 귀하신 분이 계실 곳이 못 됩니다."

공주가 대답하였다.

"옛 사람들의 말에 '한 말의 곡식이라도 찧을 수 있고, 한 척의 베라도 꿰맬 수 있다.'고 하였습니다. 진실로 마음을 같이할 수 있다면, 어찌 반드시 부귀해진 다음에야 함께할 수 있겠습니까?"

이에 값비싼 팔찌를 팔고 농지와 집, 노비 및 소와 말 그리고 가재도구를 구입하여 살림살이에 필요한 물품을 모두 갖추었다. 처음 말을 살 때에 공주가 온달에게 말했다.

"시장 사람들의 말을 사지 말고, 반드시 나라에서 내놓은 말 중에서 병들고 쇠약해 내놓은 말을 골라서 사오세요."

온달은 그녀의 말대로 하였다. 공주가 매우 열심히 기르니 말은 날마다 살찌고 건장해졌다.

고구려에서는 매년 봄 3월 3일마다 낙랑의 언덕에 모여 사냥하였는데, 잡은 돼지와 사슴으로 하늘과 산천에 제사를 지냈다. 그날이 되자 왕이 사냥을 나갔고, 여러 신료와 5부의 병사가 모두 왕을 따랐다. 이때 온달도 그동안 기른 말을 가지고 따라갔다. 온달은 말을 타고 달리는데 항상 앞에 있었고, 사냥으로 잡은 동물 또한 많아서 참석자 중 비견할 만한 사람이 없었다. 왕이 불러와 성명을 묻고는 놀랐고, 또한 이상하게 생각하였다.

이때 후주 무제가 군사를 내어 고구려의 요동을 정벌하고자 하였다. 왕은 군사를 거느리고 이산의 벌판에서 맞아 싸웠다. 온달이 선봉이 되었는데 힘을 다해 싸워서 참수한 것이 수십 명이었다. 여러 군사들이 맹렬히 공격해서 크게 이겼다. 전공을 평가하게 되자, 온달을 첫 번째로 삼지 않는 이가 없었다. 왕이 기뻐하며 '이 사람이 내 사위다!'고 말하고 예의를 갖추어 온달을 맞이하였으며, 관작을 주어 대형으로 삼았다.

온달산성

이로부터 온달은 왕의 총애를 받아 위엄과 권세가 매일같이 높아졌다. 영양왕이 즉위하자, 온달이 왕께 아뢰었다.

"신라가 우리 한강 이북의 지역을 빼앗아 군현으로 삼으니, 백성은 몹시 가슴 아파하며 지금껏 부모의 나라를 잊지 않고 있습니다. 대왕께서는 저를 어리석다고 생각하지 않고 군대를 주신다면, 한 번 가서 반드시 우리의 땅을 되찾아오겠습니다."

왕이 허락하였다. 온달은 출정하기에 앞서 이렇게 맹세했다.

"계립현·죽령의 서쪽 지역을 되찾지 못한다면 돌아오지 않겠다!"

드디어 가서 아단성(아차산성) 아래에서 신라군과 싸웠는데, 온달은 화살에 맞아 쓰러져 죽었다. 온달을 장사 지내고자 하였지만 관이 움직이지 않았다. 공주가 와서 관을 어루만지며 '죽음과 삶이 결정되었습니다. 돌아가시지요!'라고 하자, 드디어 관이 움직여서 묻을 수 있었다. 대왕이 이를 듣고 비통해 하였다.

아차산성 보루(복원도)

영양왕

명장 을지문덕 수나라 대군을 살수에서 격파하다

영양왕嬰陽王은 평원왕의 맏아들로 이름은 원 또는 대원이라 했다. 풍채가 준수하고 쾌활했으며 세상을 다스리고 백성을 편안하게 하는 일을 임무로 생각했다. 590년에 제26대 왕으로 즉위했다.

당시 중국은 수나라가 황하 유역의 북제와 남방의 진나라를 통합하고 북쪽으로 눈을 돌려 돌궐과 고구려에 압력을 가하고 있을 때였다. 수문제는 우선 고구려에 사신을 보내 고구려의 영토와 내정에 대해 염탐하였다. 고구려도 마찬가지로 수나라에 사신을 보내 동태를 살폈는데, 수나라가 곧 고구려를 공격한다는 정보를 접했다. 이에 598년(재위 9) 고구려는 말갈병 1만 명을 동원하여 요서의 임유관산해관을 선제공격했으나 영주총관 위충이 결사적으로 방어하여 점령하지는 못했다.

이 소식에 격분한 수나라는 양량과 왕세적, 주라후 등으로 하여

금 수륙군 30만 명을 동원하여 요동성을 공격하게 하였다. 고구려는 강이식이 5만 명의 정예병을 이끌고 응전하였다. 때마침 장마가 닥쳐 전염병이 돌고 주라후가 보급을 맡았던 배가 평양성으로 향하다가 풍랑을 맞아 배가 많이 전복되고 강이식 장군의 전략으로 말려들어 결국 수나라 군대는 대패하여 퇴각했는데, 이때 죽은 자가 10명 중 8~9명이었다.

수문제는 출전 장수들을 모두 불러들여 잡아들인 후 죽이거나 감옥에 가두었으며, 또다시 고구려를 재침공하고자 했으나 중신들의 반대로 무산되었다. 이러한 상황을 예의 주시했던 영양왕은 수나라에 사신을 보내 화친을 제의하여 성사시켰다.

그 무렵 백제왕 창(昌)은 수나라에 사신을 보내 백제가 고구려를 공격하는데 길잡이 역할을 하겠다며 다시금 수나라가 고구려를 공격할 것을 요청했다. 하지만 수나라는 이미 고구려와 화친했다고 백제의 요청을 거부하였다. 이 소식을 접하고 진노한 영양왕은 백제의 변경을 공격하였다. 그리고 신라의 요충지도 공격할 계획이었다. 이는 북쪽의 중국과 맞서기 위해서 먼저 남쪽의 후방을 안정시켜야 하는 절박감에서 비롯된 것이었다. 그리하여 603년(재위 14)에 영양왕은

북한산성

고승 장군을 보내 신라 북한산성을 공격하도록 하였다. 이에 신라
는 진평왕이 직접 병력을 이끌고 한강을 건너와 완강하게 저항하
므로 퇴각하였다.

607년(재위 18)에는 백제의 송산성을 공격하였으나 역시 함락시
키지 못했고, 간신히 석두성을 공격하여 포로 3천 명을 사로잡아
돌아왔다. 608년(재위 19) 2월에 장수에게 명하여 신라의 북쪽 변
경을 습격하여 8천 명을 사로잡았고, 또 4월에 신라 우명산성을
쳐서 함락하여 신라의 북진을 차단하였다. 그리고 다시 여러 차례
에 걸쳐 신라와 백제를 공격하여 양원왕 때 잃었던 아리수 이북의
영토를 거의 회복하였다.

이 무렵 중국은 수 문제에 이어 수 양제가 새 황제로 등극하였
다. 그는 성격이 더 포악하고 무자비하여 형과 아버지의 황위를
찬탈한 폭군이었다. 또 자신을 남에게 과시하기를 매우 좋아했던
인물이었다. 그런 그가 평생 치욕적인 일로 생각하는 것은 고구려
군사와의 첫 대결에서 시작되었다. 즉, 598년(재위 9)에 수나라 군
사들이 고구려를 공격할 때에, 자신이 거느린 대군이 전멸해서 황
제에게 크게 질책 받아 결국 자결하는 문책까지 받았으나, 그때
다행히 모후인 독고황후가 말려 겨우 목숨을 부지했다고 한다.

또한 양제가 황제가 된 후 자신이 천하의 통치자임을 과시하고
싶어 사방의 이민족에게 조공을 하라고 요구했다. 이에 따라 북방
의 돌궐과 토욕혼 등 주변의 민족들은 모두 입조하여 조공하였으

나 고구려만은 오지 않았다. 이에 양제는 매우 자존심이 상해 여러 차례에 걸쳐 고구려에 입조와 조공을 요구하였으나 거절당했다. 이에 분개한 수 양제는 드디어 고구려를 전면적으로 공격하기로 결정하고 다음과 같은 조서를 내렸다.

고구려 작은 무리들이 사리에 어둡고 공손하지 못하여, 발해와 갈석 사이에 모여 요동 예맥의 경계를 거듭 잠식하였다. …일찍이 은혜를 생각하지 않고 도리어 악을 길러, 거란의 무리를 합쳐서 바다를 지키는 군사들을 죽이고, 말갈의 일을 익혀 요서를 침범하였다. ……다시 보물을 도둑질하고 왕래를 막고, 학대가 죄 없는 사람들에게 이르고 성실한 자가 화를 당했다. 사명을 받던 수레가 해동에 갔을 때 정절旌節의 행차가 변방의 경계를 지나야 하는데, 도로를 막고 왕의 사신을 거절하여 임금을 섬길 마음이 없으니 어찌 신하의 예절이라고 하겠는가? 이를 참는다면 누구를 용납하지 않을 것인가?

그리고 마침내 612년(재위 23)에 수 양제는 사방의 병력을 탁군으로 모으니, 모두 1백13만 3천8백 명이었는데 어림잡아 2백만 명이라 하였다. 또 군량을 수송하는 자는 그 배였고, 군대의 선봉과 후미가 총 9백60리에 걸쳤다고 한다. 이렇게 많은 군대를 이끌고 고구려의 요동성을 포위하고 공격했지만 번번이 실패했고, 수군 또한 평양성 부근에서 참패하자 초조해진 수 양제는 30만 명의 주력 정예병을 투입하여 직접 평양성을 치게 하였다. 하지만 고구려 을지문덕 장군의 유도 작전과 활약으로 살수에서 대패하고 말았는데, 30만 명 중에 살아서 돌아간 사람은 겨우 2천7백 명에 불과했다. 이 전투가 유명한 살수대첩이다.

이후에도 수나라는 두 차례나 고구려를 침입했으나 실패로 끝났다. 이 전쟁으로 말미암아 수나라는 극심한 국력 소모와 내란으로 곧 멸망하고 말았다. 고구려 또한 국력을 크게 소비했다.

618년 음력 9월에 영양왕은 수나라의 멸망을 지켜보면서, 전쟁으로 피폐해진 국력을 회복시키던 중 승하하였다.

을지문덕의 살수대첩

  을지문덕乙支文德은 자질이 침착하고 굳세며 지략이 있었고, 아울러 문장에도 능했다. 수나라가 고구려의 요동 등지를 공격하여 함락시키지 못하자 별도로 정예군 30만 명을 대장군 우문술과 우중문에게 주며 우회하여 압록강을 건너 바로 평양을 공격하도록 하였다. 이들이 압록강에 이르렀을 때 을지문덕 또한 왕명을 받고 수나라 군영에 나가 거짓으로 항복하였는데, 실은 적군의 허실을 살펴보기 위해서였다.

을지문덕

  이보다 앞서 우문술과 우중문은 수 양제의 밀명을 받았는데, 만약 고구려의 왕이나 을지문덕을 만나거든 이들을 사로잡으라는 것이었다. 우중문 등은 을지문덕을 억류해 두고자 하였는데, 상서우승 유사룡이 굳이 제지하므로 마침내 그의 의견을 따라 다시 보내주었다. 그러나 을지문덕이 돌아가자 깊이 후회하였다. 사람을 보내 을지문덕을 속여서 말했다.

  "의논할 것이 있으니 다시 오기를 바란다."

  그러나 을지문덕은 뒤도 돌아보지 않고 마침내 압록수를 건너서 돌아갔다. 우문술과 우중문은 이미 을지문덕을 놓쳤다고 여기고, 마음속으로 불안해하였다. 우문술은 군량이 다 떨어졌기 때문에 돌아

가고자 하였지만, 우중문은 정예병으로 을지문덕을 추격하면 공을
세울 수 있다고 생각하였다. 우문술이 우중문을 제지하자 우중문은
화를 내며 말하였다.

"장군은 10만 병력으로 보잘것없는 적조차 패배시키지 못하면서
무슨 낯으로 황제를 알현할 수 있겠는가!"

우문술은 어쩔 수 없이 우중문의 의견을 따랐다.

수나라 군대는 압록수를 건너 을지문덕을 추격하였다. 을지문덕은
수나라 군사가 굶주린 기색이 있음을 보고, 그들을 지치게 만들고자
매번 싸울 때마다 패하는 척했다. 우문술은 하루 동안에 일곱 번 싸
워서 모두 이겼다. 우문술은 이미 잦은 승리를 거두었고, 또한 여러
의견에 몰려서 마침내 진군하였다. 그리하여 동쪽으로 살수를 건너
평양성으로부터 30리 떨어진 곳의 산에 의지하여 군영을 세웠다. 을
지문덕이 우중문에게 시를 보냈다.

　신묘한 계책은 천문天文을 꿰뚫었고 지리地理를 다하였네.
　싸워서 이긴 공이 이미 높았으니
　만족할 줄 안다면 그치면 어떠할까!

우중문은 답서를 보내 을지문덕을 타일렀다. 을지문덕이 다시 사
신을 보내 거짓으로 항복하고 우문술에게 이렇게 요청했다.

"만약 군사를 돌리신다면, 마땅히 왕을 모시고 행재소(임금이 궁을
떠나 멀리 나들이할 때 머무르던 곳)로 가서 입조하겠습니다."

우문술은 병사들이 지친 것을 보고 다시 싸우기는 힘들다고 여겼

고, 또한 평양성의 지형이 험하고 수비가 단단하여 짧은 시간 내에 함락시키기 어렵다고 판단하여 마침내 그 거짓 항복을 이유로 삼아 회군하였다.

수나라 군대는 방진方陣을 갖추고 행군하였는데, 을지문덕은 군사를 내어 사면에서 이들을 습격하여 쳐부수었다. 우문술 등은 싸우고 행군하기를 반복하였다. 살수에 이르러 수나라 군대가 살수를 반쯤 건너자, 을지문덕이 군사를 내보내 그 후군後軍을 공격하여 수나라 장군 신세웅을 죽이니, 이에 수나라의 여러 군사가 모두 걷잡을 수 없이 무너졌다. 이때 수나라 장졸들은 하루 밤낮에 압록강까지 도망쳤는데, 4백50리를 이동한 것이었다. 또한 처음 요수를 건넜을 때는 35만 5천 명이었는데, 요동성에 돌아온 것은 단지 2천7백 명이었다.

논하여 말한다. 수 양제가 요동의 전쟁에서 동원한 군대의 규모는 유례를 찾아볼 수 없이 대단했다. 고구려는 한쪽 지역의 작은 나라였지만 이를 막아냈다. 스스로 지켜냈을 뿐만 아니라 수나라 군대를 거의 섬멸하였으니, 이것은 을지문덕 한 사람의 힘이었다. 경에서는 '군자가 있지 않으면, 그 어찌 나라가 존재할 수 있겠는가.' 라고 하였는데, 참으로 옳은 말이다.

살수대첩

살수대첩 진격도

영류왕

천리장성을 쌓았으나 연개소문에게 시해당하다

영류왕榮留王은 평원왕의 둘째아들이며, 영양왕의 이복동생으로 이름은 건무 또는 성이라 한다. 영양왕이 아들이 없이 서거하자 제27대 왕위에 올랐다. 즉위한 해인 618년에 수나라가 망하고 당나라가 건국되었다. 다음 해 바로 당나라에 사신을 보내 평화적인 관계를 맺기 위해 노력했다. 622년(재위 5)에 사신을 보냈을 때 당 고조가 수나라 말에 전사들이 고구려에 많이 잡혀 있음을 알고 조서를 내려 말했다.

짐은 삼가 하늘의 명을 받들어 온 땅에 군림하고, 3령靈에 공경하고 순종하며, 만국萬國을 회유하고 넓은 하늘 아래에 정을 고르게 어루만지어 해와 달이 비치는 곳은 모두 평안하게 하였다. 왕이 요수의 좌측을 다스리며 번복藩服으로 대대로 내려오며 살면서 정삭(정월 초하루)을 받들고, 멀리서 공물을 바치려고 사신을 보내 산천을 넘어 정성을 나타내었으니 짐이 매우 아름답게 여긴다. 이제 천지 사방이 평안하고 사해가 맑고 평온하며, 옥백玉帛이 통하고 도로가 막힘이 없으니, 바야흐로 화목함을 펴서 오랫동안 찾아가 안부를 묻는 교분을 두텁게 하고 각기 강역을 지키면 어찌 성대하고 아름답지 않겠는가? 단지 수나라 말년에 연이은 전쟁으로 어려움이 얽히고 공격하고 싸운 장소에서 각기 그 백성을 잃어버려 마침내 골육이 떨어져 가정이 나뉘고 여러 해가 지나도록 홀어미와 홀아비의 억울함을 풀어주지 못하였다. 지금 두 나라가 화통하여 의義가 막히거나 다른 것이 없으므로 여기에 있는 모든 고구려 사람들을 모아서 곧 보내려고 한다. 그곳에 있는 모든 우리나라 사람들을 왕이 본집으로 돌아가게 하여 편안히 기르는 방도를 힘써 다하고, 어질고 용서하는 도를 함께 넓혀야 할 것이다.

이에 영류왕은 고구려 내에 포로로 잡혔던 중국 병사를 찾아 모아서 보냈는데 숫자가 1만여 명에 이르렀다. 당나라 고조가 크게 기뻐하였다.

624년(재위 7)에는 당에서 형부상서 심숙안을 보내 왕을 '상주국요동군공고구려국왕'으로 책봉했고, 도사를 보내 천존상(신선상)과 도법道法을 전해주었다. 그러나 당나라와의 관계는 당이 돌궐을 평정하면서부터 서서히 긴장 상태에 들어갔다. 즉 당은 631년(재위 14)에 광주사마 장손사를 보내 수의 고구려 침입 때 죽은 병사의 해골을 파묻고, 고구려가 수군隋軍 격퇴를 기념하기 위해 세운 경관京觀(고구려 때에 전사자의 유해를 한곳에 모아 장사 지내고, 전공을 기념하기 위하여 세운 합동 무덤)을 헐어버렸다. 이에 그해 2월부터 봄 2월에 왕이 많은 사람들을 동원하여 장성을 쌓았는데, 동북은 부여성(길림성 농안)에서 동남은 발해에 이르기까지 천여 리였다. 모두 16년 만에 공사를 마쳤다.

한편 신라와는 적대관계가 계속되었다. 629년(재위 12) 김유신의 공격을 받아 낭비성(청주 부근)을 빼앗겼고, 638년(재위 21)에는 군사를 내어 신라의 칠중성(파주 적성)을 공격했으나 패했다. 640년(재위 23) 당에 왕세자 환권과 청년 자제들을 파견하여 당의 국학에 입학을 청했다. 642년에 천리장성을 감독하던 서부대인 연개소문이 정변을 일으켜 왕을 시해하였다.

보장왕
나라를 잃은 비운의 왕이 되다

　보장왕寶藏王은 평원왕의 셋째아들이자 영류왕의 아우인 대양의 맏아들이다. 642년에 연개소문이 정변을 일으켜 그의 큰아버지 영류왕을 시해하고 그를 새로운 왕으로 추대함에 따라 제28대 왕으로 즉위했다. 때문에 국정 운영의 실권은 연개소문이 가지고 있었고 보장왕은 명목상의 왕에 불과했다. 즉위 초년에는 연개소문이 정변을 일으킨 후 정권을 안정시키려는 의도에서 일시적으로 당과 화친을 맺고 당에서 도교를 수용하기도 했다.

　642년 신라는 김춘추를 고구려에 보내어 화친을 모색했으나, 연개소문은 신라가 빼앗은 한강 유역을 되돌려줄 것을 강력하게 요구하여 실패했다. 그 뒤 신라는 외교적 고립을 벗어나기 위해 당과의 외교관계에 주력했고, 당 역시 고구려를 견제하기 위해 사신을 파견하여 고구려에 외교적 압력을 가했다. 마침내 645년〔재위 5)에 당 태종은 직접 대군을 거느리고 고구려를 침공하여 요동성을 비롯한 고구려의 10개 성을 함락시켰으나, 안시성 싸움에서 대패하고 말았다. 이에 당 태종이 중국으로 돌아갈 때, 안시성주가 성에 올라 예를 갖추고 작별 인사를 하니 가상하게 여겨 비단 1백 필을 주고 임금 섬김을 격려하였다.

안시성 전투

안시성 전투도

그리고 황제는 성공하지 못
한 것을 깊이 후회하고 탄식
하여 이렇게 말했다고 한다.

"만일 위징이 있었으면 나
로 하여금 이번 걸음을 하지
않게 하였을 것이다."

그 뒤 당은 전략을 바꾸어

여러 차례 소규모 부대를 출동시켜 고구려를 침략했으나 별다른
성과를 거두지 못했다. 결국 당 태종은 649년(재위 9) 4월에 고구
려 정벌을 중지하라는 유시를 남기고 죽었다. 이에 따라 고구려와
당나라는 일시적인 휴전 상태에 들어갔다.

하지만 고구려와 신라의 전쟁은
지속되었으며, 신라의 무열왕이 당
나라에 사신을 급파하여 원군을 요
청하자, 당나라는 마침내 영주도독
정명진과 자위중랑장 소정방에게
군사를 내주어 고구려를 다시 공격
하게 하였으나 패배하였다. 이 때
문에 당 고종은 659년(재위 18)에
다시금 정명진과 중랑장 설인귀에
게 군사를 내주어 고구려를 침략하

연개소문과 당 태종과 설인귀

연개소문 유적비

였으나, 이 또한 패하고 퇴각하였다.

그러나 당은 신라와 군사동맹을 맺어 660년에 백제를 멸망시키고, 고구려를 다시 협공했다. 고구려군은 계속되는 당군의 공격에 완강히 저항했으며, 662년 사수 전투에서는 연개소문이 당의 장군 방효태와 그의 군대를 전멸시켜 대승을 거두기도 했다. 그러나 백제의 멸망으로 군사 활동이 용이해진 신라군과 당군의 양면 공격이 거듭되자 고구려도 더 이상 견디지 못하고 서서히 무너져갔다.

남생 묘지석

666년(재위 25) 연개소문이 죽자 그의 맏아들 남생이 뒤를 이어 대막리지가 되었는데 동생인 남건, 남산과의 사이에 불화가 일어나 동생들에게 쫓겨 국내성으로 물러났다. 그 후 그는 당에 투항, 당의 고구려 침공에 길잡이가 되었다. 이러한 지배층의 분열과 함께 민심도 동요되어 보장왕 후기에는 고구려의 멸망을 예언하는 비기秘記가 유포되었으며, 지방 세력들도 이탈해갔다. 668년 부여 지역의 40여 성이 당군에 항복했고, 9월에는 평양성이 함락되어 고구려는 멸망하고 말았다.

제2장

강력한 해상왕국을 건립한
백제 이야기

백제의 건국과 성장

　백제는 비류와 온조 형제를 중심으로 한 부여계 출신 이주민들이 고구려를 떠나 한강 유역의 위례성에 정착하면서 시작되었다. 처음에 형제가 각기 미추홀과 하남위례성에 도읍을 세웠지만 온조가 더욱 번성하여 비류를 통합하여 백제라는 새 나라로 거듭났다. 점차 세력을 넓혀서 북쪽으로 한나라의 군현 세력과 말갈족의 침입을 막고 남쪽으로 마한 지역을 점차 병합하고 신라와 더불어 한반도 서남부의 강국으로 발돋움했다.

온조왕
백제를 건국하다

온조왕溫祚王의 아버지는 고구려 시조인 주몽이다. 주몽은 북부여에서 난을 피하여 졸본으로 왔다. 졸본의 왕은 주몽을 보고 보통 인물이 아님을 알고 자신의 둘째딸과 혼인시켰다. 얼마 후, 졸본 왕이 죽자 아들이 없었던 탓에 주몽이 왕위에 올랐다.

주몽은 졸본에서 두 아들을 낳았는데 맏아들은 비류, 둘째아들이 온조였다. 후에 주몽이 북부여에 있을 때 낳은 아들인 유리가 찾아와 태자가 되자, 비류와 온조는 백성을 이끌고 남하했다. 비류는 지금의 인천 부근인 미추홀에 정착하고, 온조는 하남위례성에 도읍을 정하고 국호를 십제라고 했다.

비류는 미추홀의 땅이 습하고 물이 짜 정착에 실패하고 죽었는데, 그를 따르던 사람들이 온조의 위례성에 합쳐진 후 국호를 백제로 고쳤다. 그의 조상은 고구려와 마찬가지로 부여에서 나왔으므로 부여를 성씨로 삼았다.

그러나 또 다른 건국신화에는 시조가 비류로 전해진다.

시조 비류왕의 아버지는 우태로 북부여의 왕 해부루의 서손庶孫이었고, 어머니는 소서노로 졸본 사람 연타발의 딸이었다. 처음에 우태에게 시집가서 아들 둘을 낳았는데 큰아들은 비류라 하였고, 둘째는 온조라 하였다. 우태가 죽자 졸본에서 과부로 지냈다. 뒤에 주몽이 부여에서 용납되지 못하자 기원전 37년에 남쪽으로 도망하여 졸본에 이르러 도읍을 세우고 국호를 고구려라고 하였으며, 소서노를 맞아들여 왕비로 삼았다. 주몽은 그녀가 나라를 창업하는데 잘 도와주었기 때문에 총애하고 대접하는 것이 특히 후하였으며, 비류 등을 자기 자식처럼 대하였다. 주몽이 부여에 있을 때 예씨에게서 낳은 아들 유류(유리왕)가 오자 그를 태자로 삼았고, 왕위를 잇기에 이르렀다. 이에 비류가 동생 온조에게 말하였다.

"처음 대왕께서 부여의 난을 피하여 이곳으로 도망하여 왔을 때, 우리 어머니가 가산을 내주어 나라의 기초를 세우는 위업을 도와주었으니, 어머니의 조력과 공로가 많았다. 그러나 대왕께서 돌아가시자 나라가 유류에게 돌아갔다. 우리가 공연히 여기에 있으면서 쓸모없는 사람같이 답답하고 우울하게 지내는 것보다는, 차라리 어머님을 모시고 남쪽으로 가서 살 곳을 선택하여 별도로 도읍을 세우는 것이 좋겠다."

마침내 그의 아우와 함께 무리를 이끌고 패수와 대수를 건너 미추홀에 와서 살았다고 한다.

기원전 18년은 온조왕이 즉위한 해로 동명왕을 추모하는 사당부터 세웠다. 다음 해에 왕은 군신들을 모아놓고 말했다.

"말갈이 우리의 북부 국경과 인접하여 있는데, 그 사람들은 용맹스러우면서도 거짓말을 잘 한다. 그러므로 우리는 병기를 수선하고 식량을 저축하여 그들을 방어할 계획을 세워야 한다."

그리고 재종숙부 을음이 지혜와 담력이 있다 하여 우보로 임명하고, 그에게 군사의 임무를 맡겼다.

기원전 16년(재위 3) 음력 9월에 말갈이 북쪽 국경을 침범하였다. 왕은 정예군을 이끌고 재빨리 공격하여 그들을 크게 격파하였다. 적군 중에 살아 돌아간 자가 열 사람 중에 한두 명이었다. 다음 해 낙랑에 사신을 보내 우호관계를 맺었다.

기원전 11년(재위 8)에도 말갈군 3천 명이 침입하여 위례성을 포위했다. 왕은 성문을 닫고 나가지 않았다. 열흘이 지나자 적은 군량이 떨어져 돌아갔다. 왕은 정예군을 선발하여 대부현까지 추격하여 싸워 이겼는데, 적병 5백여 명을 죽이고 사로잡았다. 7월에 마수성을 쌓고 병산책을 세웠다.

그러자 낙랑태수가 사람을 보내 말했다.

"지난날 서로 사신을 교환하고 우호관계를 맺어 한 집안과 같이 여기고 있는 터에, 지금 우리의 영역에 접근하여 성을 쌓고 목책을 세우고 있으니, 혹시 우리 땅을 점점 차지하려는 계획이 아닌가? 만일 옛날의 우호관계를 유지하려면 성을 허물고 목책을 제거하여 억측과 의심을 하지 않도록 하라! 만약 그렇게 하지 않는다면 전투로 승부를 결정하자!"

왕이 이에 대답하였다.

"요새를 설치하여 나라를 수비하는 것은 고금의 상도常道이거늘, 어찌 이 문제로 화친과 우호관계에 변함이 있겠는가? 이는 당연히 그대가 의심할 일이 아니다. 만일 당신이 강한 것을 믿고 군사를 출동시킨다면, 우리 역시 대응할 뿐이다."

이로 말미암아 낙랑과 우호관계가 단절되었다.

기원전 8년(재위 11) 여름 4월에 낙랑이 말갈로 하여금 병산책을 습격해서 파괴한 다음 1백여 명을 죽이거나 사로잡았다. 가을 7월에 독산과 구천 두 곳에 목책을 설치하여 낙랑으로 가는 도로를 차단하였다.

기원전 6년(재위 13)에 왕의 어머니가 사망하였다. 그 해 5월에 왕이 신하들에게 말했다.

"동쪽에는 낙랑이 있고 북쪽에는 말갈이 있다. 그들이 변경을 침공하여 편안한 날이 없다. 하물며 요즈음에는 요사스러운 징조가 자주 보이고, 어머님이 세상을 떠나셨으며, 나라의 형세가 불안하다. 반드시 도읍을 옮겨야겠다. 내가 어제 순행하는 중에 한

몽촌토성 목책

몽촌토성 해자

수漢水의 남쪽을 보니 토양이 비옥하였다. 따라서 그곳으로 도읍
을 옮겨 영원히 평안할 계획을 세워야겠다."

그리고 7월에 한산 아래에 목책을 세우고 위례성의 백성을 이주
시켰다. 그리하여 마침내 국토의 영역을 확정하였는데 북으로는
패하에 이르고, 남으로는 웅천이 경계이며, 서로는 큰 바다에 닿
고, 동으로는 주양에 이르렀다.

다음 해 정월에 도읍을 옮기고 왕이 부락을 순회하면서 백성들을 위로하고 농사를 장려하였다. 7월에 한강 서북방에 성을 쌓았다. 그곳에 한성 주민의 일부를 이주시켰다.

기원전 2년 봄에 낙랑이 침입하여 위례성을 불태웠다. 그 다음해 10월에 말갈이 습격해 왔다. 왕은 군사를 거느리고 칠중하에서 그들과 싸워 추장 소모를 생포하여 마한에 보내고, 그 나머지는 모두 생매장하였다. 11월에 왕이 낙랑의 우두산성을 습격하기 위하여 구곡까지 갔다. 그러나 눈이 크게 내렸으므로 되돌아왔다.

4년 가을 8월에 석두와 고목의 두 성을 쌓았다. 9월에 왕이 1천 명의 기병을 거느리고 부현 동쪽 지방에서 사냥하다가, 말갈의 도적을 만나 단번에 물리쳤다. 이때 잡은 포로들을 장병들에게 나누어주었다.

7년 음력 2월에는 왕궁의 우물이 넘쳤고 한성의 민가에서 말이 소를 낳았는데 머리가 하나고 몸이 두 개였다. 온조왕은 그것이 상서로운 징조라고 생각하여 마침내 마한을 합병할 생각을 가졌다. 다음 해 7월에 왕이 말했다.

"마한이 점점 약해지고 임금과 신하가 각각 다른 마음을 품고 있으니 그 국세가 오래 유지될 수 없다. 만일 다른 나라가 이들을 합병해 버린다면 순망치한이 되어 그때는 후회해도 소용없을 것이다. 차라리 남보다 먼저 빼앗아 후환을 없애는 것이 낫겠다."

그리고 10월에 왕이 사냥을 간다고 하면서 군사를 출동시켜 마

한을 기습하여 국읍을 병합하였는데, 단지 원산과 금현 두 성만은 굳게 수비하고 항복하지 않았다. 그 다음 해 4월에 마침내 원산과 금현 두 성이 항복하였다. 그곳의 백성들을 한산 북쪽으로 이주시켰다. 마한이 마침내 멸망하였다. 그 해 7월에 대두산성을 쌓았다.

10년 봄 2월에 왕의 맏아들 다루를 태자로 삼고, 서울과 지방의 군사에 관한 일을 맡겼다.

18년 가을 7월에 탕정성을 쌓고, 대두성 주민의 일부를 이주시켰다. 8월에 원산과 금현의 두 성을 수리하고, 고사부리성을 쌓았다. 다음 해 4월부터 가물다가 6월에 이르러서야 비가 내렸다. 한수의 동북 부락에 흉년이 들어, 고구려로 도망간 자가 1천여 호에 달하였고, 패수와 대수 사이에는 사는 사람이 없었다.

20년 봄 2월에 왕이 순행하여 동으로 주양, 북으로 패하까지 갔다가 50일 만에 돌아왔다. 3월에 왕이 사람을 보내 농업과 잠업을 권장하고, 급하지 않은 일로 백성들을 괴롭히는 부역을 모두 없앴다. 겨울 10월에 왕이 큰 제단을 쌓고 천지신명에게 제사 지냈다.

22년 9월에 말갈이 술천성을 침입하였다. 11월에 말갈이 다시 부현성을 습격하여 1백여 명을 죽이고 약탈하였다. 왕이 2백 명의 정예기병을 보내 방어하였다.

23년 봄 정월에 우보 을음이 사망하자, 북부의 해루를 우보로 임명하였다. 해루는 본래 부여 사람이었다. 그는 도량이 넓고 식견이 깊으며, 70세가 넘었으나 체력이 강하여 등용한 것이다. 2월

남한산성 숭렬전 온조를 모신 사당

에 한수 동북의 모든 부락에서 15세 이상 되는 장정을 징발하여
위례성을 수리하였다.

25년 10월에 남옥저의 구파해 등 20여 집이 부양에 와서 귀순
하였다. 왕은 이들을 받아들여 한산 서쪽에 거주하도록 하였다.

28년 봄 2월에 왕이 세상을 떠났다.

다루왕

벼농사를 장려하고 말갈과 신라에 맞서 싸우다

다루왕多婁王은 온조왕의 큰아들로 성격이 관대하고 후덕하며 명망이 높았다. 28년에 왕위에 올랐고 33년(재위 6)에는 나라 남쪽의 주군에 처음으로 벼농사를 짓게 하고 크게 장려했다. 또 38년(재위 11)에 흉년으로 백성의 살림이 곤란해지자 전국적으로 사사로이 술 빚는 것을 금지시키고 지방을 친히 순시하며 빈민구제에 앞장섰다. 재위 중에 말갈·신라와의 싸움이 끊이지 않았다.

63년(재위 36) 10월에 왕은 낭자곡성까지 토지를 개척하고 신라왕에게 사신을 보내 만나기를 요청하였으나 신라는 거절하였다. 66년(재위 39)에 와산성을 공격하여 빼앗고, 군사 2백 명을 그곳에 두어 수비하게 하였다. 그러나 얼마 되지 않아 신라에게 다시 빼앗겼다. 그 후에도 여러 차례 신라와의 공방전을 하였다.

77년(재위 50) 가을 9월에 왕이 세상을 떠났다.

기루왕 · 개루왕

신라와 화친했다가 다시 반목하다

기루왕己婁王은 다루왕의 큰아들로 뜻과 식견이 넓고 원대하여, 사소한 일에 마음을 두지 않았다. 77년에 제3대 왕위에 올랐다. 85년 신라의 변방을 공략했다. 105년 신라에 사신을 파견하여 화친을 맺었다. 125년 신라가 말갈에게 침략을 당하자 서신을 보내와 구원병을 요청하였다. 왕이 다섯 명의 장수를 보내 구원하게 하였다. 128년(재위 52)에 세상을 떠났다.

개루왕蓋婁王은 기루왕의 아들로 성격이 공손하고 품행이 단정하였으며, 128년에 제4대 왕위에 올랐다. 132년(재위 5)에 북한산성을 쌓았다. 155년 신라의 길선이 아찬 벼슬에 있으면서 반란을 꾀하다가 발각되어 백제로 도망해 오자 망명을 허락했다. 이에 신라 왕이 노하여 군사를 출동시켜 공격해 왔으나 모든 성이 굳게 방어하고 나아가 싸우지 않았다. 166년(재위 39)에 세상을 떠났다.

초고왕
신라·말갈과 공방전을 계속하다

　초고왕肖古王은 개루왕의 맏아들로 소고라고도 불리는데, 166년 제5대 왕위에 올랐다. 개루왕 말년에 신라에서 백제로 망명한 아찬 길선의 송환 문제로 생긴 두 나라 사이의 불화와 대립이 계속되었다. 그리하여 167년(재위 2)에 군사를 몰래 보내 신라의 서쪽 변경에 있는 두 성을 격파하고 남녀 1천 명을 사로잡아 돌아왔다. 그해 8월에 신라 왕이 일길찬 흥선으로 하여금 군사 2만 명을 거느리고 와서 동쪽의 여러 성을 침공하게 하였다. 신라 왕은 또한 직접 정예기병 8천 명을 거느리고 뒤를 이어 한수漢水까지 진격해 왔다. 왕은 신라군이 많아서 대적할 수 없다고 생각하여 곧 이전에 빼앗았던 성을 돌려주었다.

　189년(재위 24) 음력 7월에는 구양(충북 옥천)에서 신라와 싸웠으나 패배하여 죽은 자가 5백여 명이었다. 그 다음 해 신라 서쪽 국경에 있던 원산향(경북 예천)을 공격하였고, 추격해 오는 신라군을 와산(충북 보은)에서 크게 격파하였다.

또 204년(재위 39)에는 신라의 요차성, 요거성(경북 상주)을 함락하고 성주인 설부를 죽이는 전과를 올렸다. 이에 분개한 신라의 나해왕은 이벌찬 이음을 장수로 삼아 6부의 정예군사를 거느리고 와서 백제의 사현성을 치게 하는 등 반목이 계속되었다.

한편 북한강 상류를 타고 내려오는 말갈의 침입에 대비하여 210년에 적현성과 사도성을 쌓아 동부의 백성들을 이주시켰다. 214년(재위 49) 9월에 북부 출신 진과에게 말갈의 석문성을 공격하여 탈취하도록 하였다. 그러나 같은 해 말갈의 날랜 기병으로 인해 술천(경기 여주) 지역까지 침범당하기도 하였다. 이해에 왕이 세상을 떠났다.

구수왕
오랜 전쟁과 재난으로 나라가 피폐해지다

구수왕仇首王은 초고왕의 맏아들로 귀수라고도 불렸는데, 신장이 7척이고 풍채가 특이했다. 214년에 제6대 왕위에 올랐다.

216년(재위 3) 음력 8월에 말갈이 적현성에 와서 포위했으나 성주가 굳게 수비하니 적이 퇴각하였다. 왕이 정예기병 8백 명을 거느리고 그들을 추격하여 사도성 밖에서 격파하였는데, 죽이거나 사로잡은 적병이 많았다. 다음 해에 사도성 옆의 두 곳에 목책을 세웠는데 동서의 거리가 10리였다. 적현성의 군사를 나누어 이곳을 수비하게 하였다.

218년(재위 5)에 왕이 군사를 보내어 신라의 장산성을 포위하자 신라 내해이사금이 직접 군사를 거느리고 와서 공격하여 백제군이 패하였다.

220년(재위 7) 음력 10월에 왕성 서문에 화재가 났다. 다음 해 음력 5월에 동쪽 지방에 홍수가 나서 40여 곳의 산이 무너졌다. 또 음력 10월에 신라의 우두진으로 군사를 보내 민가를 약탈하였다. 신라 장수 충훤이 군사 5천 명을 거느리고 웅곡에서 백제군과 싸우다가 대패하고 단신으로 도망하였다.

224년(재위 11) 음력 7월에 신라의 일길찬 연진이 침입하였다. 백제군이 봉산 아래에서 그들과 싸웠으나 승리하지 못했다.

227년(재위 14) 음력 11월에 전염병이 크게 돌았다. 말갈이 우곡에 들어와 사람과 재물을 약탈하였다. 왕은 정예군 3백 명을 보내 방어하게 하였다. 그러나 적의 복병이 양쪽에서 협공하여 우리 군사가 대패하였다.

233년(재위 21)에 왕이 세상을 떠나 아들 사반왕이 왕위를 계승했으나 어려서 정치를 할 수 없었다. 그리하여 왕위는 초고왕의 아우인 고이왕에게 돌아갔다.

백제의 도약과 전성

　백제는 고이왕 때부터 한강 유역을 완전히 장악하고 정치체계를 정비하여 중앙집권국가로서 발전의 토대를 마련하였다. 또 근초고왕 때에는 마한 세력을 완전히 정복하고 가야 세력에 대해 지배권을 행사했고, 북쪽으로 황해도 지방을 놓고 고구려와 대결하였다. 그리고 서해의 해상권을 장악하여 수군을 통해 중국의 요서와 산동 지방과 일본의 규수 지방까지 진출하는 전성기가 도래했다.

고이왕

중앙집권적인 고대국가의 기틀을 마련하다

고이왕古爾王은 개루왕의 둘째아들로 초고왕의 동생이다. 구수왕이 세상을 떠나자 맏아들 사반이 왕위를 이었으나 나이가 어려 정사를 잘 처리하지 못하였다. 이에 사반왕을 폐위시키고 자신이 제8대 왕위에 올랐다.

고이왕은 재위 중에 자주 군사들을 이끌고 야외에서 사냥과 사열을 행하고 삼엄한 격식을 갖추어 자주 천지신명에게 제사를 지냈다. 이는 자신만이 하늘의 명을 받은 귀중한 왕손임을 과시하고, 귀족들에게 분산된 권력을 회수하고 왕권을 강화하기 위한 목적이었다.

그리하여 240년(재위 7) 진충을 좌장으로 임명하여 내외의 군사에 관한 직무를 맡겼다. 또 석천에서 대대적으로 군대를 사열하고 신라를 공격하였다. 246년(재위13) 음력 8월에 위나라 유주자사 관구검이 낙랑태수 유무, 삭방태수 왕준과 함께 고구려를 공격하자, 왕은 그 틈을 이용하여 좌장 진충으로 하여금 낙랑의 변방을 공격하였다.

255년(재위 22) 9월에 군사를 출동시켜 신라를 공격하였다. 신라군과 괴곡 서쪽에서 싸워 승리하였고, 신라 장수 익종을 죽이는 전공을 올렸다. 그해 10월에 다시 군사를 보내 신라의 봉산성을 쳤으나 승리하지는 못했다. 그 후에도 여러 차례 신라를 공격하여 적극적인 영토 확장에 나섰다.

대외적인 위상이 커지자 주변국에서 먼저 화친을 제의하여 258년(재위 25)에 말갈의 추장 나갈이 좋은 말 10필을 바치기도 했다. 이에 왕은 그 사신을 우대하여 돌려보냈다. 또한 낙랑, 대방과도 혼인을 통한 동맹관계를 형성했다.

대내적으로 중앙집권적 왕권을 강화하기 위해 대대적으로 국가체계를 정비하기 시작했다. 이에 260년(재위 27) 음력 정월, 내신좌평을 두어 왕명의 출납에 대한 일을 맡게 하고, 내두좌평을 두어 물자와 창고에 대한 일을 맡게 하고, 내법좌평을 두어 예법과 의식에 대한 일을 맡게 하고, 위사좌평을 두어 숙위 병사에 대한 일을 맡게 하고, 조정좌평을 두어 형벌과 송사에 대한 일을 맡게 하고, 병관좌평을 두어 지방의 군사에 대한 일을 맡게 하였다.

또한 달솔·은솔·덕솔·한솔·나솔·장덕·시덕·고덕·계덕·대덕·문독·무독·좌군·진무·극우 등을 두었다. 6개 좌

평은 모두 1품, 달솔은 2품, 은솔은 3품, 덕솔은 4품, 한솔은 5품, 나솔은 6품, 장덕은 7품, 시덕은 8품, 고덕은 9품, 계덕은 10품, 대덕은 11품, 문독은 12품, 무독은 13품, 좌군은 14품, 진무는 15품, 극우는 16품이었다.

또 6품 이상은 자줏빛 옷을 입고 은꽃으로 만든 관을 장식하고, 11품 이상은 붉은 옷을 입으며, 16품 이상은 푸른 옷을 입게 하라는 명령을 내렸다. 그리고 왕은 자줏빛으로 된 큰 소매 달린 도포와 푸른 비단 바지를 입고, 금화金花로 장식한 오라관을 쓰고, 흰 가죽 띠를 두르고, 검은 가죽신을 신고, 남당에 앉아서 위엄 있게 정사를 처리하였다.

그리고 관리들의 기강을 바로 세우기 위해 262년(재위 29)에 관리로서 뇌물을 받거나 도적질한 자는 그 세 배를 배상하며, 종신 금고형에 처하라는 명령을 내렸다. 이렇게 만든 여러 가지 정치 제도와 복식 제도는 백제가 멸망할 때까지 4백 년간이나 이어져 백제의 기본 제도로 유지되었다.

286년(재위 53)에 왕이 세상을 떠났다.

책계왕 · 분서왕

한나라 군현 세력에 의해 살해되다

책계왕責稽王은 고이왕의 아들로 청계라고도 불린다. 체격이 장대하고 의지와 기품이 걸출하였다. 286년에 제9대 왕위에 올랐다.

즉위하자마자 왕은 장정을 징발하여 위례성을 보수하였다. 고구려가 대방을 치자 대방은 백제에게 구원을 요청하였다. 이에 군사를 출동시켜 구원하였다. 고구려에서 이를 원망하였다. 왕은 고구려의 침략을 염려하여 아차성(아차산성)과 사성(풍납토성)을 수축하여 방비하게 하였다. 그러나 백제의 성장을 견제하던 다른 한나라의 군현 세력이 298년에 맥인

아차산성도

풍납토성

(동예)을 이끌고 와서 침략하였다. 왕이 직접 나가서 방어하다가 전사하였다.

　분서왕汾西王은 책계왕의 맏아들이다. 그는 어려서부터 총명하고 풍채가 걸출하였으므로 책계왕이 그를 사랑하여 항상 옆에 두었다. 왕이 전사하자 그의 뒤를 이어 제10대 왕위에 올랐다. 304년(재위 7)에 왕은 책계왕의 복수를 위해 한나라의 군현 세력인 낙랑의 서현을 기습하여 빼앗았다. 그러나 결국 같은 해 10월에 낙랑태수가 보낸 자객에게 살해되었다.
　두 왕의 연속적인 죽음으로 고이왕계에 의해 밀려났던 초고왕계의 비류가 왕위에 올랐다.

비류왕 · 계왕
백성을 널리 보살피다

비류왕比流王은 구수왕의 둘째아들이고, 사반왕의 동생이다. 분서왕이 죽자 그의 아들이 너무 어려서 비류가 신하들의 추대를 받아서 제11대 왕위에 올랐다. 힘이 세고 활을 잘 쏘았으며 성품은 인자하고 너그러웠다.

312년(재위 9) 음력 2월에 신하를 보내어 백성들의 질병과 고통을 살펴보고 홀아비와 과부, 고아, 그리고 늙어서 자식 없이 외롭게 지내는 사람들을 도와주었다. 그중에서도 스스로 생활할 수 없는 자에게는 곡식을 한 사람당 3섬씩 주었다. 또 해구를 병관좌평으로 삼았다.

321년(재위 18)에 왕의 이복동생 우복을 내신좌평으로 삼았으나 우복은 327년 북한산성을 근거지로 반란을 일으켰고 왕은 이를 토벌하였다.

331년(재위 28) 봄과 여름에 큰 가뭄이 들어, 풀과 나무와 강물이 말랐다. 가을 7월이 되어서야 비가 내렸다. 흉년이 들어 사람들이 서로 잡아먹을 지경에 이르렀다.

337년(재위 34)에 신라에 사신을 보내어 수교하였다.

344년(재위 41) 음력 10월에 왕은 세상을 떠났다.

계왕契王은 분서왕의 맏아들로 천성이 강직하고 용맹스러웠으며, 말 달리고 활쏘기를 잘하였다. 이전에 분서왕이 세상을 떠났을 때는 계왕이 어려서 왕위에 오를 수 없었다. 그러나 비류왕이 세상을 떠날 무렵에 장성하여 제12대 왕위에 올랐다. 하지만 그도 재위 3년 만인 346년에 갑자기 세상을 떠났다.

근초고왕

고구려를 물리치다

근초고왕近肖古王은 비류왕의 둘째아들로, 체격이 크고 용모가 기이하였으며 원대한 식견이 있었다. 346년에 제13대 왕위에 올랐다. 즉위한 뒤 초고왕계의 왕위계승권을 확고히 해 부자상속을 확립하고, 진씨 가문에서 왕비를 맞아들여 그 친척인 진정을 조정 좌평으로 삼아 왕실 지지기반으로 삼았다. 그리고 중앙에서 지방을 더욱 효율적으로 통제하기 위해 지방통치 조직을 만들고 지방관을 직접 파견했다.

이러한 강화된 왕권확립을 바탕으로 활발한 정복사업을 벌여나갔다. 남으로 마한과 가야의 일부 세력을 완전히 복속시키고 북방으로 진출하여 고구려와 충돌하게 되었다.

368년(재위 23) 9월에 고구려 왕 사유(고국원왕)가 보병과 기병 2만 명을 거느리고 치양(황해도 배천)에 와서 주둔하며 군사를 시켜 민가를 약탈하였다. 이에 왕이 태자에게 군사를 주어 지름길로 치양에 이르러서 불시에 공격하여 그들을 격파하고, 적병 5천여 명의 머리를 베었다. 노획한 물품은 장병들에게 나누어주었다. 다음해 11월에 한수 남쪽에서 대대적으로 군사를 사열하였다. 모두 황색의 깃발을 사용하였다.

371년(재위 26)에 고구려가 군사를 동원하여 다시 공격해 왔다. 왕이 이를 듣고 패하(예성강)에 복병을 배치하고 그들이 오기를 기다렸다가 불시에 공격하였다. 고구려 군사가 패배하였다. 그해 겨울에 왕이 태자와 함께 정예군 3만 명을 거느리고 고구려에 침입하여 평양성을 공격하였다. 고구려 왕 사유가 필사적으로 항전하다가 화살에 맞아 사망하자, 왕이 군사를 이끌고 물러났다.

이러한 승전으로 백제는 한반도 서남부와 옛 대방의 땅인 황해도와 강원도의 일부까지 그 영토가 확대되었다.

외교적으로 고구려에 대항하기 위해 366년 신라와 동맹관계를 맺는 한편, 372년에는 중국의 동진과 외교관계를 맺었다. 이와 같이 지배영역이 확대되고 통치가 안정되자, 왕실의 위엄을 돋보이게 하기 위해 박사 고흥에게 국사《서기》를 편찬하게 했다.

375년(재위 30)에 왕이 세상을 떠났다.

아직기와 왕인 박사

백제 근초고왕 때에 아직기와 왕인 박사가 왜국으로 건너가 백제 문화의 우수성을 과시했다. 먼저 왜국 사신으로 간 아직기는 일본이 고립된 섬 지역이라 말이 매우 드물고 또 다루는 법을 잘 모르는 것 같아 그곳에서 말을 잘 기르고, 타는 방법 등을 가르쳤다. 왜왕이 그를 만나 이야기를 하여보니 말에 대한 지식뿐만 아니라 학문 또한 높은 것을 알았다. 이에 그를 왜왕 태자의 스승으로 삼게 하였다. 아직기가 소임을 마치고 백제로 돌아갈 때 왜왕은 고마운 뜻을 전하면서 계속 머물러 태자를 지도해 주길 청했다. 이때 아직기가 사양하면서 말했다.

"백제에는 저보다 훌륭한 분들이 많이 있습니다. 저는 그분들에 비하면 아주 보잘것없습니다."

"백제에 선생보다 뛰어난 분들이 많다니 놀랍소. 그들 중에도 가장 뛰어난 분이 대체 어떤 분이오?"

"왕인 박사입니다."

이에 왜왕은 백제에 사신을 보내 왕인 박사를 보내달라고 청했다. 그러자 근초고왕은 왕인 박사에게 자신의 손자 진손왕과 함께 《천자문》 1권과 《논어》 10권을 비롯하여 직공, 의사, 양조 기술자 등 수많은 기술자들을 데리고 일본으로 건너가게 하였다.

일본으로 건너간 왕인 박사는 태자의 스승이 되어 글과 문학을 가르쳤고, 더불어 각종 고대의 실용 기술을 전파하여 일본에서 가장 존경받는 성인의 한 사람으로 추앙받게 되었다. 그 후에도 백제는 일본에게 끊임없이 선진 문물을 전수하여 일본 고대 문화의 토대가 되었다.

근구수왕
백제 최전성기의 왕

근구수왕近仇首王은 근초고왕의 맏아들이다. 375년에 제14대 왕위에 올랐으며 태자로 있을 때부터 부왕의 정복사업을 도왔다.

369년 고구려 고국원왕 사유가 직접 와서 침범하였다. 근초고왕은 태자를 보내 방어하게 하였다. 그는 반걸양에 이르러 전투를 시작하려 하였다. 고구려인 사기는 원래 백제 사람이었는데, 실수로 왕이 타는 말의 발굽을 상처 나게 하였다. 그는 이로 말미암아 벌을 받을까 두려워하여 고구려로 도망갔었다. 그가 이때 돌아와서 태자에게 말했다.

"고구려 군사가 비록 수는 많으나 모두 가짜 군사로서 수를 채운 것에 불과합니다. 그중 제일 강한 부대는 붉은 깃발을 든 부대입니다. 만일 그 부대를 먼저 공략하면, 나머지는 치지 않아도 저절로 허물어질 것입니다."

태자가 이 말에 따라 진격하여 크게 이기고, 달아나는 군사를 계속 추격하여 수곡성 서북에 도착하였다. 이때 장수 막고해가 간하였다.

"일찍이 도가道家의 말에 '만족할 줄을 알면 욕을 당하지 않고, 그칠 줄을 알면 위태롭지 않다.' 고 하였습니다. 지금 얻은 바도 많은데 어찌 더 많은 것을 바라겠습니까?"

태자가 이 말을 옳게 여겨 추격을 중단하였다. 그는 즉시 그곳에 돌을 쌓아 표적을 만들고 그 위에 올라가 좌우를 돌아보면서 말했다.

"오늘 이후로 누가 다시 이곳에 올 수 있는가?"

그곳에는 말발굽같이 생긴 바윗돌 틈이 있는데, 사람들은 지금까지도 그것을 태자의 말굽 자국이라고 부른다.

즉위한 후 부왕 대에 확립된 초고왕계의 왕위계승권을 견고히 했으며, 장인인 진고도를 내신좌평으로 삼아 정사를 위임했다. 또한 고구려가 지난 전쟁의 패배를 보복하려 자주 변경을 침공하니, 377년(재위 3)에 왕이 직접 군사 3만 명을 거느리고 고구려의 평양성을 공격하여 국력을 신장했다.

외교적으로 중국 동진과 일본과 관계를 긴밀하게 유지했다. 특히 일본에 손자 진손왕과 왕인을 파견하여 일본의 문화 발전에 많은 도움을 주었다.

384년(재위 10) 왕이 세상을 떠났다.

침류왕

처음 불교를 공인하다

　침류왕枕流王은 근구수왕의 맏아들로 어머니는 아이부인이다. 384년 제15대 왕위에 올랐다.

　즉위한 해에 중국 동진에서 호승 마라난타가 오자 왕이 궁중으로 맞아들여 우대하고 공경하였다. 이때부터 백제 불교가 시작되었다. 다음 해에 한산에 절을 창건하고 승려 10명에게 도첩을 주었다. 그러나 같은 해 11월에 왕이 사망하였다.

백제의 해외 통치

　백제는 그 전성기에 한반도 서남부뿐만 아니라 중국과 일본의 일부 지역까지 지배한 것으로 알려진다. 이는 최치원이 당나라 태사 시중에게 올린 글 중에서 그 사실을 찾아볼 수 있다.

　　고구려와 백제의 전성기에는 강한 군사가 백만이었습니다. 남으로는 오吳 · 월越을 침공하였고, 북으로는 유幽의 연燕 · 제齊 · 노魯의 지역을 어지럽혀 중국의 커다란 해가 되었습니다. 수나라 황제가 나라를 그르친 것도 요동 정벌에 말미암은 것이었습니다.

　위에서 언급한 오 · 월은 지금의 상해 소주, 항주 일대이고 유의 연 · 제 · 노의 지역은 북경과 요서, 산동 지역을 일컫는다. 이는 중국의 여러 역사서에서도 찾아볼 수 있다.

　　백제는 고구려와 더불어 요동의 동쪽에 있었다. 진나라 시대에 고구려가 요동을 점유하니, 백제는 요서와 진평 두 군을 점령한 후에 백제군을 설치하였다. - 《양서》

　　백제국은 본래 고구려와 함께 요동의 동쪽 1천여 리에 있었다. 그 후에 고구려가 요동을 차지하니, 백제는 요서를 차지하였다. 백제가 통치한 곳은 진평군 진평현이라고 한다. - 《송서》

　　처음에 백가로서 바다를 건넜다 하여 백제라 한다. 진대晉代에 고구려가

이미 요동을 차지하니 백제 역시 요서, 진평의 두 군을 차지했다. - 《통전》

이러한 기록들은 4세기 무렵인 백제 근초고왕과 근구수왕 때 중국 대륙에 진출하여 요서, 진평 등지의 땅에 백제 식민지가 설치되었다는 문헌적인 증거이다. 동성왕 때에는 북위와도 무력 충돌을 일으킨 기록이 있는데, 중국의 역사서인 《남제서》에도 다음과 같은 기록이 있다.

위나라가 또 기병 수십 만을 일으켜 백제를 공격하였다. 백제 왕 모다가 장군 사법명, 찬수류, 해례곤, 목간나를 파견했다. 이들은 백제군을 이끌고 위나라군을 공격하여 크게 격파하였다.

이와 같은 기록은 백제가 고구려와 마찬가지로 중국 대륙에서 활동하였음을 짐작할 수 있는 자료이다. 실제로 백제는 담로라는 독특한 지방행정조직이 있는데, 그 관할 구역은 한반도 서남부를 위시하여 황해를 중심으로 중국 대륙과 일본의 일부는 물론이고 멀리는 동남아시아 일부까지로 매우 광대했다는 것이 최근에 밝혀지고 있다. 중국 역사책인 《양서》에는 백제가 22개의 담로에 왕족을 파견해 다스렸다고 기록되어 있다.

백제의 위기와 중흥

5세기 무렵, 백제는 고구려의 적극적인 남진정책으로 인해 급기야 국왕이 피살당하고 도읍을 한성에서 웅진으로 옮기는 위기를 맞이했다. 이에 왕권은 약화되고 귀족 세력이 국정을 주도하였다. 그러나 동성왕 때부터 사회가 점차 안정되고 국력을 회복하기 시작했고, 또 신라와 동맹을 강화하여 고구려에 대항하였다. 그리하여 무령왕과 성왕 초기에 이르러 지방에 대한 통제를 강화하고 남조의 교류를 통한 경제적인 부흥과 더불어 일시적으로 한강 유역을 수복하는 중흥을 맞이했다.

진사왕
고구려의 공격을 막지 못하다

진사왕辰斯王은 근구수왕의 둘째아들이며 침류왕의 아우이다. 침류왕이 세상을 떠났을 때 태자의 나이가 어렸기 때문에 숙부의 신분으로 385년 제16대 왕위에 올랐다. 그는 사람됨이 용맹하며 총명하고 지략이 많았다.

즉위 당시 백제는 고구려의 공격으로 긴장된 상태에 있었으므로 386년(재위 2)에 15세 이상 되는 사람들을 징발하여 관문의 방어 시설을 설치하였다. 그 규모는 청목령에서 시작하여 북으로는 팔곤성, 서로는 바다에 닿았다.

고구려의 공격이 끊이지 않자 386년에 왕이 달솔 진가모로 하여금 고구려를 쳐서 도곤성을 함락시키고, 포로 2백 명을 사로잡는 전공을 거두었다. 이에 고구려에 대한 경계심이 해이해졌다.

그러자 곧 말갈이 북쪽 변경의 적현성을 공격하여 함락시켰다.

392년에는 고구려 왕 담덕(광개토대왕)이 직접 4만 명의 군사를 거느리고 와서 석현성 등 10여 성을 함락시켰다. 왕은 담덕이 용병에 능통하다는 말을 듣고 대항하기를 회피하였다. 그해 10월에 고구려가 난공불락으로 일컬어지는 관미성마저 쳐서 함락시켰다.

그해에 왕은 구원의 행궁에서 세상을 떠났다.

아신왕

고구려에 대한 보복전에 번번이 패하다

아신왕阿莘王은 침류왕의 맏아들로 아방으로도 불렸다. 그가 한성의 별궁에서 태어났을 때 신비로운 광채가 밤을 밝혔다. 그가 장성하자 의지와 기풍이 호방하였으며, 매 사냥과 말 타기를 좋아하였다. 그러나 부왕인 침류왕이 세상을 떠났을 때 그의 나이가 어렸기 때문에 그의 숙부 진사가 왕위에 올랐는데, 392년에 진사왕이 세상을 떠나자 그가 제17대 왕위에 올랐다.

즉위한 다음 해인 393년에 왕의 외삼촌인 진무를 좌장으로 임명하여 군사에 관한 일을 맡겼다. 진무는 침착하고 굳세며 지략이 많았으므로 당시 사람들이 그를 따랐다. 그해 8월에 왕이 진무에게 말했다.

"관미성은 우리나라 북쪽 변경의 요새이다. 그 땅이 지금은 고구려의 소유로 되어 과인이 애통하니, 그대는 응당 이 점에 마음을 기울여 이 땅을 빼앗긴 치욕을 갚아야 할 것이다."

그리고 왕은 마침내 1만 명의 군사를 동원하여 고구려의 남쪽 변경을 칠 것을 계획하였다. 진무는 병졸보다 앞장서서 화살과 돌을 무릅쓰고 석현 등의 다섯 성을 회복하기 위하여 먼저 관미성을 포위했는데, 고구려 사람들이 성을 둘러싸고 굳게 방어하였다. 진무는 군량의 수송로를 확보하지 못하여 군사를 이끌고 돌아왔다.

394년 7월에 고구려와 수곡성 아래에서 싸워 패배하였다. 그 다음 해 8월에 왕이 좌장 진무 등에게 명하여 고구려를 치게 하니, 고구려 왕 담덕이 직접 군사 7천 명을 거느리고 패수에 진을 치고 대항하여 우리 군사가 크게 패하여 사망자가 8천 명이었다.

그해 11월에 왕이 패수 전투의 패배를 보복하기 위하여, 직접 군사 7천 명을 거느리고 한수를 건너 청목령 아래에 진을 쳤다. 그때 마침 큰 눈이 내려 병졸들 가운데 동사한 자가 많이 발생하자 왕은 회군하여 한산성에 와서 군사들을 위로하였다.

결국 아신왕은 왜군을 동원하기 위해 태자 전지를 왜에 인질로 파견했으며, 여러 차례에 걸쳐 잃어버린 땅의 회복을 위해 고구려를 공격했으나 큰 성과를 거두지 못했다. 더욱이 399년(재위 8)에 고구려를 공격하기 위하여 군사와 말을 대대적으로 징발하니, 백성들이 병역을 고통스럽게 생각하여 많은 사람들이 신라로 도망하였고, 이 결과로 호구가 줄었다. 이에 쌍현성을 쌓고 403년에는 신라를 공략하였다.

405년(재위 14)에 왕이 세상을 떠났다.

전지왕

왜국의 볼모로 있다가 왕이 되다

전지왕腆支王은 아신왕의 맏아들로 직지라고도 불렸고, 《양서梁書》에서는 영映이라고 하였다. 그는 394년(아신왕 3)에 태자가 되었고, 397년부터 왜국에 인질로 가 있었다. 405년에 아신왕이 죽자 왕의 둘째동생 훈해가 정사를 대리하며 태자의 귀국을 기다렸는데 왕의 막내아우 첩례가 훈해를 죽이고 스스로 왕이 되었다. 이때 전지가 왜국에서 부고를 듣고 울면서 귀국을 요청하니 왜왕이 1백 명의 군사로 하여금 그를 보호하여 귀국하게 하였다. 그가 국경에 이르자 한성 사람 해충이 와서 고했다.

"대왕이 죽은 후에 왕의 동생 첩례가 형을 죽이고 자기가 왕위에 올랐으니, 태자께서는 경솔히 들어오지 마십시오."

이에 전지는 해충의 말을 받아들여, 왜인을 체류시켜 자기를 호위하게 하면서 바다 가운데의 섬에서 대기하고 있었다. 이 소식을 접한 백성들이 드디어 첩례를 죽이고 전지를 맞이하여 제18대 왕위에 오르게 하였다.

전지왕은 즉위 후, 도움을 주었던 해씨의 세력을 등용하여 해충을 달솔에, 해수를 내법좌평에, 해구를 병관좌평으로 임명하였다. 그리고 해씨 왕비인 팔수부인을 맞이하여 아들 구이신을 낳았다.

408년(재위 4) 정월에 여신을 상좌평으로 임명하여 군사와 정사를 맡겼다. 상좌평이라는 직위가 이때부터 시작되었으니, 지금의 총재과 같은 것이었다. 417년 7월에 동부와 북부 2부의 15세 이상 되는 사람들을 징발하여 사구성을 쌓게 하고 병관좌평 해구를 시켜 이 일을 감독하게 하였다.

한편 대외관계에서 중국의 동진, 왜국과 긴밀한 관계를 유지하면서 고구려를 견제했다.

420년(재위 16)에 왕이 세상을 떠나자 아들 구이신왕이 제19대 왕위에 올랐다.

비유왕

외교로 고구려를 압박하다

비유왕毗有王은 구이신왕의 맏아들이다. 혹은 전지왕의 서자라고도 한다. 427년 제20대 왕위에 올랐다. 그는 용모가 훌륭하고 말을 잘하여 사람들이 따르고 귀중히 여겼다.

즉위한 다음 해에 왕은 4부를 순행하며 백성들을 위무하고 가난한 자들에게 정도에 따라 곡식을 주었다. 또 주변국과의 긴밀한 관계를 유지하면서 고구려를 견제하려고 노력하였다. 그리하여 429년에는 남조의 송나라에 사신을 보냈고, 다음 해 송나라에서는 기존에 전지왕에게 주었던 작호를 계승하는 것이 허락되어 '사지절도독백제제군사진동대장군백제왕'으로 책봉되었다. 또 433년 신라에 사신을 보내 화의를 맺음으로써 고구려에 대항하는 나제동맹을 형성했으며, 왜와의 동맹관계도 유지했다. 455년(재위 28)에 세상을 떠났다.

개로왕

아차산성에서 비참한 최후를 맞이하다

개로왕蓋鹵王은 비유왕의 맏아들로 근개루라고도 불리고, 이름은 경사이다. 455년에 제21대 왕위에 올랐다.

즉위 후에 고구려에 대해 적극적인 방어조치를 취했다. 469년(재위 15)에 왕이 장수를 파견하여 고구려의 남쪽 변경을 침공하고, 그해 10월에 쌍현성을 수축하였다. 청목령에 큰 목책을 설치하여 북한산성의 병졸들을 나누어 그곳을 수비하게 하였다.

472년(재위 18) 위나라에 사신을 보내 고구려가 자주 변경을 침범한다는 표문을 올려 군사를 요청하였으나, 위나라에서는 듣지 않았다. 왕이 이를 원망하여 마침내 조공을 중단하였다.

이보다 앞서 고구려 장수왕이 백제를 치기 위하여, 백제에 가서 첩자 노릇을 할 만한 자를 구하였다. 이때 승려 도림이 이에 응하여 말했다.

"소승이 원래 도는 알지 못하지만 나라의 은혜에 보답코자 합니다. 원컨대 대왕께서는 저를 어리석은 자로 여기지 마시고 일을 시켜주신다면 왕명을 욕되게 하지 않을 것을 기약합니다."

왕이 기뻐하여 비밀리에 그를 보내 백제를 속이도록 하였다. 이에 도림은 거짓으로 죄를 지어 도망하는 체하고 백제로 왔다. 당시의 백제 왕 근개루는 장기와 바둑을 좋아하였다. 도림이 대궐문에 이르러 말하였다.

"제가 어려서부터 바둑을 배워 상당한 묘수의 경지를 알고 있으니, 왕께 들려 드리고자 합니다."

왕이 그를 불러들여 대국을 하여보니 과연 국수였다. 왕은 마침내 그를 상객으로 대우하고 매우 친하게 여겨 서로 늦게 만난 것을 한탄하였다. 도림이 하루는 왕을 모시고 앉아서 말했다.

"저는 다른 나라 사람인데 왕께서 저를 멀리 여기시지 않고 많은 은혜를 베풀어주셨으나 다만 한 가지 재주로 보답했을 뿐이고, 아직 털끝만한 이익도 드린 적이 없습니다. 이제 한 말씀 올리려 하오나 왕의 뜻이 어떠한지 알 수 없습니다."

왕이 말했다.

"말해 보라. 만일 나라에 이롭다면 이는 선생에게서 바라는 것이로다."

도림이 말했다.

"대왕의 나라는 사방이 모두 산, 언덕, 강, 바다이니 이는 하늘이 만든 요새이지 사람의 힘으로 된 지형이 아닙니다. 그러므로 사방의 이웃 나라들이 감히 엿볼 마음을 갖지 못하고 다만 받들어 섬기기를 원하고 있습니다. 그러므로 왕께서는 마땅히 숭고한 기세와 부유한 치적으로 남들을 놀라게 해야 할 것인데, 성곽은 수축되지 않았고 궁실은 수리되지 않았습니다. 또한 선왕의 해골은 들판에 가매장되어 있으며 백성의 가옥은 자주 강물에 허물어지니, 이는 대왕이 취할 바가 아니라고 저는 생각합니다."

왕이 말했다.

"좋다! 내가 그리 하겠다."

이에 왕은 백성들을 모조리 징발하여 흙을 쪄서 성을 쌓고, 그 안에는 궁실, 누각, 사대를 지으니 웅장하고 화려하지 않은 것이 없었다. 또한 욱리하에서 큰 돌을 캐다가 관을 만들어 아버지의 해골을 장사하고, 사성 동쪽으로부터 숭산 북쪽까지 강을 따라 둑을 쌓았다. 이로 말미암아 창고가 텅 비고 백성들이 곤궁해져서 나라는 마치 달걀을 쌓아올려 놓은 듯한 위기를 맞게 되었다.

이에 도림이 도망해 돌아와서 왕에게 이 사실을 보고하였다. 장수왕이 기뻐하며 백제를 치기 위하여 장수들에게 군사를 나누어 주었다. 근개루가 이 말을 듣고 아들 문주에게 말했다.

"내가 어리석고 총명하지 못하여 간사한 사람의 말을 믿다가 이렇게 되었다. 백성들은 쇠잔하고 군대는 약하니, 비록 위급한 일을 당하여도 누가 기꺼이 나를 위하여 힘써 싸우려 하겠는가? 나

는 당연히 나라를 위하여 죽어야 하지만 네가 여기에서 함께 죽는 것은 유익할 것이 없으니, 난리를 피하여 있다가 나라의 왕통을 잇도록 하라."

　문주가 곧 목협만치와 조미걸취를 데리고 남쪽으로 떠났다. 이때 고구려의 대로 제우, 재증걸루, 고이만년 등이 군사를 거느리고 와서 북쪽 성을 공격한 지 7일 만에 함락시키고, 남쪽 성으로 옮겨 공격하자 성 안이 위험에 빠지고 왕은 도망하여 나갔다. 고구려 장수 걸루 등이 왕을 보고 말에서 내려 절을 하고, 왕의 낯을 향하여 세 번 침을 뱉고서 죄목을 따진 다음 아차성 밑으로 묶어 보내 죽이게 하였다. 걸루와 만년은 원래 백제 사람으로서 죄를 짓고 고구려로 도망했었다.

도미와 그 아내

도미는 백제 사람이다. 비록 호적에 편입된 평민이었지만 자못 의리를 알았다. 그의 아내는 아름답고 예뻤으며 또한 절개 있는 행실이 있어 당시 사람들로부터 칭찬을 받았다.

개루왕이 이를 듣고 도미를 불러 말했다.

"무릇 부인의 덕은 비록 지조가 굳고 행실이 깨끗함을 우선으로 하지만 만약 그윽하고 어두우며 사람이 없는 곳에서 교묘한 말로써 유혹하면 마음을 움직이지 않을 수 있는 사람이 드물 것이다."

이에 도미가 대답했다.

"사람의 마음이란 헤아릴 수 없으나 저의 아내와 같은 사람은 비록 죽더라도 변함이 없을 것입니다."

왕이 그녀를 시험해 보려고 일을 핑계로 도미를 머물게 하고는, 가까운 신하로 하여금 거짓으로 왕의 옷을 입고 마부를 데리고 밤에 그 집에 가도록 시키고, 사람을 시켜 먼저 왕께서 오실 것임을 알리도록 하였다. 왕을 가장한 신하가 그 부인에게 말했다.

"나는 오랫동안 네가 예쁘다는 소리를 들었다. 도미와 내기하여 그를 이겼으니 내일 너를 들여 궁인으로 삼기로 하였다. 이다음부터 네 몸은 내 것이다."

드디어 그녀를 간음하려고 하자 부인이 말했다.

"국왕께서는 거짓말을 하지 않으실 것이니 제가 감히 따르지 않겠습니까? 청컨대 대왕께서는 먼저 방에 들어가소서. 제가 옷을 갈아입고 들어가겠습니다."

그리고 물러나서는 한 계집종을 치장하여 잠자리에 들였다.

왕이 후에 속았음을 알고 크게 노하여 도미를 무고하여 처벌하였는데, 두 눈을 멀게 하고 작은 배에 태워 강에 띄웠다.

그리고 그의 아내를 끌어다가 강간하려고 하니 부인이 말했다.

"지금 남편을 이미 잃었으니 홀로 남은 이 한 몸을 스스로 보전할 수가 없습니다. 하물며 왕의 시비가 되었으니 어찌 감히 어길 수 있겠습니까? 그러나 지금 월경 중이라서 온몸이 더러우니 다른 날을 기다려 향기롭게 목욕한 후에 오겠습니다."

왕이 그 말을 믿고 허락하였다. 그러자 부인이 곧 도망쳐 강어귀에 이르렀으나 건널 수가 없었다. 부인은 하늘을 부르며 통곡하다가 홀연히 외로운 배가 물결을 따라 이르는 것을 보고, 그것을 타고서 천성도에 이르러 남편을 만났는데 아직 죽지 않았다.

도미와 그의 아내는 풀뿌리를 캐서 먹다가 드디어 함께 같은 배를 타고 고구려의 산산 아래에 이르렀다. 고구려 사람들이 불쌍히 여겨 옷과 음식을 주었다. 구차히 살다가 마침내 객지에서 일생을 마쳤다.

문주왕 · 삼근왕

웅진으로 천도하다

문주왕文周王은 개로왕의 아들로 문주라고도 한다. 처음에 비유왕이 죽고 개로가 왕위를 계승하였을 때 문주가 그를 보좌하여 직위가 상좌평에 이르렀다. 개로왕 재위 21년에 고구려가 침입하여 한성을 포위하였다. 개로가 성을 막고 굳게 수비하면서 문주를 신라에 보내 구원을 요청하여 구원병 1만 명을 얻어 돌아왔다. 이에 고구려 군사는 물러갔으나 성이 파괴되고 왕이 사망하는 불행 속에 문주가 제22대 왕위에 올랐다. 그의 성격은 우유부단하였으나, 또한 백성을 사랑하였으므로 백성들도 그를 사랑하였다.

475년(재위 원년) 10월에 웅진으로 도읍을 옮기고 도탄에 빠진 나라를 구하기 위하여 혼신의 노력을 기울였다. 476년(재위 2)에 고구려의 침입에 대비하여 대두산성을 수축하고 이곳으로 한강 이북의 민가를 옮겼다. 또 송나라에 사신을 보내 예방하려 하였으나 고구려가 길을 막았으므로 되돌아왔다.

이와 같은 왕의 노력에도 불구하고 한강 유역을 잃고 처참하게 패전한 백제는 혼란 속에 휩싸였다. 내부적으로 부여족 계통의 기존 지배 세력은 남부에 토착하고 있던 마한계 세력의 도전을 받았는데, 부여족 내부의 갈등이 이러한 상황을 더욱 어렵게 만들었다. 당시 정권을 장악한 병관좌평 해구가 마음대로 권력을 행사하며 왕을 경시하였으나 왕이 이를 제어하지 못하였다.

477년(재위 3) 9월에 왕이 사냥하러 나갔다가 외부에서 묵었는데, 해구가 도적으로 하여금 그를 해치게 하여 왕이 마침내 사망하였다.

문주왕이 해구 세력에 의해 피살되자 그의 어린 아들인 삼근왕三斤王이 제23대 왕위에 올랐다.

삼근왕은 문주왕의 맏아들로 임걸이라고도 한다. 나이 13세에 왕위에 올랐기 때문에 군사 임무와 나라 정사에 대한 일체의 권한을 좌평 해구에게 맡겼다.

478년(재위 2)에 해구가 은솔 연신과 함께 무리를 모아 대두성을 거점으로 반란을 일으켰다. 왕이 좌평 진남에게 명령하여 군사 2천 명으로 토벌하게 하였으나 이기지 못했다. 다시 덕솔 진로에게 명하여 정예군사 5백 명을 거느리고 해구를 공격하여 죽이게 했다. 연신이 고구려로 달아나자 그의 처자들을 체포하여 웅진의 시장에서 목을 베었다. 그 이듬 해 왕이 세상을 떠났다.

동성왕

사치스런 생활을 하다가 시해되다

동성왕東城王은 문주왕의 아우인 곤지의 아들로 이름은 모대 혹은 마모라고도 한다. 담력이 대단히 컸으며, 활을 잘 쏘아 백발백중이었다. 479년에 제24대 왕위에 올랐다.

즉위 후 국난을 수습하기 위해 주도면밀한 노력을 기울였다. 정치적으로는 해구의 반란을 평정한 신진 세력인 진로와 금강 일대에 기반을 둔 백가를 각기 병관좌평과 위사좌평으로 임명하여 신·구 세력 간의 균형을 도모하였다.

외교적으로 고구려에 의해서 막혀진 중국 왕조들과의 소통을 위해 484년(재위 6)에 중국 남제에 사신을 파견하였고, 신라와의 관계를 더욱 돈독하게 하기 위해 결혼동맹을 통하여 공동으로 고구려에 대처하도록 약조하였다. 더불어 허물어진 궁궐을 고치고 우두성·이산성 등을 축조하여 방어망을 견고하게 하였다.

그리하여 488년(재위 10)에는 백제에 사신을 보내지 않았다고 고구려를 거쳐 침공한 중국 북위의 군대를 격퇴했으며, 494년(재위 16)과 495년 두 해에 걸쳐 백제와 신라를 번갈아 침공해 오는 고구려 군대를 신라와 연합해 격퇴하였다. 498년에 왕이 탐라에서 공납과 조세를 바치지 않는다 하여 직접 치려고 무진주에 이르니 탐라에서 이 소문을 듣고 사신을 보내 사죄하므로 중지하였다.

웅진 천도 이후 계속된 혼란을 수습하고 많은 업적을 남겼지만, 말기에 이르러서는 점차 향락에 빠져 정치를 돌보지 않았다. 499년(재위 21) 가뭄이 들어 백성들이 굶주려 죽어나가자 궁궐의 창고를 열어서 백성들을 구제하자는 신하들의 권고도 받아들이지 않고, 500년(재위 22) 봄에 웅진성 동쪽에 임류각을 짓고 연못을 파서 기이한 짐승을 기르는 등 사치스러운 생활을 했다. 이에 신하들이 간언을 올렸으나 듣지 않고 다시 간하는 자가 있을까 염려하여 대궐문을 닫아버렸다.

501년(재위 23) 11월에 웅천 북쪽 벌판과 사비 서쪽 벌판에서 사냥하였는데 큰 눈에 길이 막혀 마포촌에서 머무르던 중, 왕에게 평소 원한을 품은 위사좌평 백가가 사람을 시켜 왕을 시해했다. 시호를 동성왕이라 하였다.

무령왕
백제 중흥을 이끌다

무령왕武寧王은 동성왕의 둘째아들로 이름은 사마 혹은 융이라고도 한다. 신장이 8척이고 눈매가 그림과 같았으며 인자하고 너그러워서 민심이 그를 따랐다. 501년 제25대 왕위에 올랐다.

즉위한 해에 부왕을 시해한 좌평 백가가 가림성을 거점으로 반란을 일으키니 왕이 군사를 거느리고 우두성에 가서 한솔 해명을 시켜 공격하게 하였다. 백가가 나와서 항복하자 왕이 백가의 목을 베어 백강에 던졌다.

같은 해 달솔 우영을 보내 군사 5천 명을 거느리고 고구려의 수곡성을 공격하는 적극적인 방어책을 펼쳤다.

503년(재위 3)에 말갈이 마수책을 소각하고 고목성으로 진격하며 공격해 오자 왕이 군사 5천 명을 보내 이들을 물리쳤다.

506년(재위 6) 7월에 말갈이 침입하여 고목성을 격파하고 6백여

명을 죽이거나 사로잡아 갔다. 이에 다음 해 고목성 남쪽에 2개의 책柵을 세우고 장령성을 쌓아 말갈의 침입에 대비했다. 또 그해 10월에 고구려 장수 고로가 말갈과 함께 한성을 치기 위하여 횡악 아래에 와서 진을 치니 왕이 군사를 출동시켜 그들을 물리쳤다.

512년(재위 12)에 고구려가 가불성을 습격하여 빼앗고, 다시 원산성을 격파하니 죽이거나 약탈하여 간 것이 매우 많았다. 왕이 용감한 기병 3천 명을 거느리고 위천 북쪽에 나가 싸우니 고구려 병사들이 왕의 군사가 적은 것을 보고 가벼이 여겨 진을 치지 않았으므로 왕이 기발한 작전으로 기습하여 크게 무찔렀다.

523년(재위 23) 2월에 왕이 한성으로 가서 좌평 인우와 달솔 사오 등에게 명령하여, 한수 이북 주·군의 백성들 중에서 15세 이상 되는 자를 징발하여 쌍현성을 쌓게 하였다. 이와 같이 고구려와 말갈의 침입을 막고, 민생의 안정에도 힘써 제방을 쌓고 유식자(아무 일도 안 하고 놀고먹는 사람)들을 구제해 농사를 짓게 했다.

한편 512년과 521년에 중국 남조의 양나라에 사신을 보내 외교 관계를 강화했다. 521년 양나라에 사절을 파견하고, 표문을 올려 '여러 차례 고구려를 깨뜨려 비로소 우호를 통하였으며 다시 강한 나라가 되었다.'고 소개하였다. 이에 양 고조는 왕에게 '사지절도독백제제군사영동대장군'의 작호를 내렸다.

523년(재위 23) 음력 5월에 왕이 세상을 떠났다. 시호를 무령이라 하였다.

백제의 사비 천도와 멸망

　백제는 성왕 말기에 한강 유역을 다시 신라에게 빼앗기고, 의자왕 대에 이르러 정치 질서의 문란과 지배층의 향락으로 국가적 일체감을 상실하여 결국 나당연합군에 의하여 멸망하였다. 멸망한 이후 복신과 흑치상지 등의 저항 세력이 백제의 부흥운동을 일으켰다. 일시적으로 2백여 성을 회복하고 사비성과 웅진성을 공격하기도 하였으나 나당연합군에 의해서 좌절되었다.

성왕

도읍을 사비로 옮기다

성왕
聖王
은 무령왕의 아들로 이름은
명농이다. 지혜와 식견이 뛰어나고 일
을 처리함에 결단성이 있었다. 523년
에 제26대 왕위에 올랐다.

동성왕과 무령왕의 정책을 이어받아
중국 양나라와 신라의 외교관계를 돈
독히 하고 고구려의 침입에 적극적으

성왕

로 대처했다. 즉위한 해 음력 8월 패수에 침입한 고구려군을 장군
지충으로 하여금 물리치게 하였다.

524년(재위 2) 양나라 고조와 국교를 강화하여 양 고조로부터
'지절도독백제제군사수동장군백제왕'으로 책봉되었다. 525년(재
위 3) 음력 2월에 신라와 서로 사신을 교환하였다. 526년 음력 10

월 웅진성을 수리, 수성하였다. 529년(재위 7) 음력 10월에 고구려 안장왕이 직접 군사를 거느리고 침입하여 북쪽 변경에 있는 혈성을 함락시켰다. 성왕은 좌평 연모에게 명하여 보병과 기병 3만 며 명을 이끌고 싸우게 했지만 오곡 전투에서 이기지 못하여 전사자가 2천여 명이나 되었다. 538년(재위 16) 봄에 도읍을 웅진에서 사비로 옮기고, 국호를 남부여라 하였다.

548년(재위 26) 봄 정월에 고구려 왕 평성이 예나라와 공모하여 한수 이북의 독산성을 공격해 왔다. 왕이 신라에 사신을 보내 구원을 요청하였다. 신라 왕이 장군 주진을 시켜 갑병 3천 명을 거느리고 떠나게 하였다. 주진은 밤낮으로 행군하여 독산성 아래에 이르렀는데, 그곳에서 고구려 군사들과 싸워서 크게 이겼다.

550년(재위 28) 봄 정월에 왕이 장군 달기를 보내 군사 1만 명을 거느리고 고구려의 도살성을 공격케 하여 이를 함락시켰다. 3월에 고구려 군사가 금현성을 포위했다.

553년(재위 31) 7월에 신라가 배반하여 동북 변경을 빼앗아 새로운 주를 설치하였다. 그해 10월에 왕의 딸이 신라에 시집갔다.

554년(재위 32) 왕자 창昌을 보내 신라의 관산성을 공격했다. 처음에는 백제군이 유리했으나 신라 김무력의 역습을 받아 전세가 역전되었다. 왕은 창을 위로하기 위하여 직접 보병과 기병 50명을 거느리고 밤에 구천에 이르렀는데 갑자기 신라의 복병이 나타나 그들과 싸우다가 왕이 살해되었다. 시호를 성聖이라 하였다.

위덕왕
고구려·신라와 계속 반목하다

　위덕왕威德王은 성왕의 맏아들로 이름이 창이다. 554년에 성왕
이 구천에서 전사하자 그가 제27대 왕위에 올랐다. 즉위 전후로
관산성 패전에 대한 귀족들의 책임 추궁으로 정치적 곤란에 빠졌
다. 이 때문에 왕권이 크게 위축되었으며 점차 귀족의 발언권이
증대되는 계기가 되었다.

　즉위하던 해 10월에 신라가 고구려에게 길을 열어주어 고구려
군사가 대대적으로 웅천성을 침공하였다가 패하고 돌아갔다. 이
로 인해 더욱 신라에게 적대적 정책을 추구하게 되었다. 신라에
보복하기 위하여 561년(재위 8)과 577년(재위 24)에 신라의 변경
을 침공하였다가 반격으로 패배하고 시종 불리한 입장에 처했다.

　수나라가 중국을 통일하고 고구려 정벌에 나선다는 소문을 듣
고 사신을 파견하여 표문을 바치고, 고구려 공격에 앞장서서 길잡

이가 되겠다고 제의했지만 성과는 없었다. 오히려 고구려가 그 일을 모두 알고 군사를 보내 국경을 침략하였다.

598년(재위 45) 12월에 왕이 세상을 떠나니 군신들이 의논하여 시호를 위덕이라 하였다. 아들 혜왕이 제28대 왕위에 올랐으나 몇 달 만에 세상을 떠났다.

무왕

신라를 공격하고 실리적 외교술을 펼치다

무왕武王은 법왕의 아들로 이름은 장이다. 풍채가 훌륭하고 뜻이 호방하며 기상이 걸출하였고, 600년에 제30대 왕위에 올랐다. 선대 혜왕과 법왕이 모두 일찍 세상을 떠나 왕실 권위가 급격히 약화되었기 때문에 내부 결속과 왕권의 강화를 위해 신라를 빈번히 공격하였다.

602년(재위 3)에 신라의 아막산성을 공격하였고, 611년에는 가잠성 성주 찬덕을 죽이고 그 성을 함락시켰다. 616년에는 모산성, 623년에는 늑노현을 공격하였고, 그 다음 해에는 신라의 속함, 앵잠, 기잠, 봉잠, 기현, 용책 등 6성을 공격하여 함락시켰다. 625년에는 신라의 왕재성을 공격하여 성주 동소를 죽였다.

627년(재위 28)에는 장군 사걸에게 명하여 신라 서부 변경의 두 성을 함락시키고, 남녀 3백여 명을 사로잡았다. 왕은 신라에 빼앗긴 옛 땅을 회복하기 위하여 군사를 대대적으로 동원하여 웅진에 주둔하였다. 신라 진평왕이 이 소식을 듣고 당나라에 사신을 보내 위급한 사태를 말하였다. 그리하여 당 태종이 백제와 신라의 화친을 권유했으므로 이를 중지하였다. 그러나 이후에도 여러 차례 신라를 공격하였다.

한편, 고구려의 남진을 견제하기 위해 중국 수·당나라에 자주 사신을 보내고 도움을 청했다. 특히 고구려와 수나라가 각축전을 벌일 때 양쪽의 대결을 이용하여 어부지리를 취하려는 실리적인 외교술을 펼쳤다. 이러한 정복사업과 외교술의 성과로 왕권은 강화되고 나라가 차츰 안정되자 궁궐을 보수하고 사찰을 짓는 등 대규모 토목공사를 하였다.

630년(재위 31)에 왕실의 권위를 과시하기 위해 사비궁을 중수하고, 634년(재위 35)에는 대궐 남쪽에 못을 파서 20여 리 밖에서 물을 끌어들이고, 사면 언덕에 버들을 심고 물 가운데 방장선산을 모방하여 섬을 쌓았다. 또 같은 해에 왕흥사(미륵사지)를 완공시켰

는데, 그 절은 강가에 있었으며 채색 장식이 웅장하고 화려하여 왕은 매번 배를 타고 절에 들어가서 향을 피웠다고 한다.

미륵사지

636년(재위 37)에 왕은 측근 신하들을 데리고 사비하 북쪽 포구에서 잔치를 베풀었다. 포구의 양쪽 언덕에 기암괴석이 서 있고, 그 사이에 진기한 화초가 있어 마치 그림 같았다. 당시 사람들이 그곳을 대왕포라고 불렀다.

641년(재위 42) 3월에 왕이 세상을 떠나니 시호를 무라 하였다.

익산 쌍릉 무왕과 선화공주의 능

의자왕

백제 마지막 왕이 되다

　의자왕義慈王은 무왕의 맏아들로서 용감하고 대담하며 결단성이 있었다. 또 부모에게 효도하고, 형제간에 우애가 있어서 당시에 '해동증자'라고 불렸다. 641년에 제31대 왕위에 올랐다.

　즉위 초에 의자왕은 당 태종에 의해 '주국대방군왕백제왕'으로 책봉 받고 당에 사절단을 파견하여 감사를 뜻을 표할 정도로 유화적인 관계를 유지했다. 그러나 연개소문이 집권하면서 고구려와 화친을 맺고 당나라를 견제하며 신라에 대해 더욱 강경한 입장을 취하게 되었다. 이는 고구려와 당나라가 서로 첨예하게 대립하고, 신라와 당나라의 관계가 급속하게 친해지고 있었던 국제정세의 변화에서 비롯된 것이었다. 그리하여 적극적으로 신라 공격을 단행하여 변경의 많은 성을 빼앗았다. 특히 642년 7월에는 직접 군사를 거느리고 신라를 공격하여 40여 성을 항복시켰고, 같은 해 8

월에는 장군 윤충을 시켜 대야성(합천)을 공격하여 김춘추의 사위인 김품석의 가족을 죽였다.

또 고구려와 함께 신라의 당항성을 공격하여 신라와 당의 교통로를 끊으려 했고, 645년에는 당나라가 고구려를 공격할 때 신라군이 당나라를 지원하는 틈을 타서 신라의 7성을 빼앗았다. 655년에는 고구려·말갈과 함께 신라의 30여 성을 공격하는 등 신라에 대해 시종일관 공세를 취했다.

이로 인해 나라의 영토가 넓어지고 왕권이 강화되자 의자왕은 사치스럽고 방탕한 생활에 빠지게 되었다. 656년 봄 3월에 왕이 궁녀들을 데리고 음란과 향락에 빠져서 술 마시기를 그치지 않으므로 좌평 성충이 적극 말렸더니, 왕이 노하여 그를 옥에 가두었다. 이로 말미암아 감히 간하려는 자가 없었다. 성충은 옥에서 굶주려 죽었다. 그가 죽을 때 왕에게 글을 올려 말했다.

"충신은 죽어도 임금을 잊지 않는 것이니 한 마디 말만 하고 죽겠습니다. 제가 항상 형세의 변화를 살펴보았는데 전쟁은 틀림없이 일어날 것입니다. 무릇 전쟁에는 반드시 지형을 잘 선택해야 하는데 상류에서 적을 맞아야만 군사를 보전할 수 있습니다. 만일 다른 나라 군사가 오거든 육로로는 탄현을 통과하지 못하게 하고, 수군은 기벌포의 언덕으로 들어오지 못하게 하십시오. 험준한 곳에 의거하여 방어해야만 지켜낼 수 있습니다."

그러나 왕은 이를 명심하지 않았다.

공산성에서 바라본 금강

한편 고구려 침략에 여러 번 실패한 당은 백제를 먼저 공격하고 나서 고구려를 정벌하기로 전략을 바꾸었다. 660년에 나당연합군 의 공격이 시작되어 소정방이 이끄는 당군이 바다를 건너 백강(지금의 금강) 입구로 거슬러오고, 김유신이 이끄는 신라군은 육로로 탄현을 넘어 진격해 왔다.

왕이 이 소식을 듣고 군신들을 모아 공격과 수비 중에 어느 것 이 마땅한지를 물으니, 의견이 분분하여 결정하지 못했다. 이때 좌평 흥수는 죄를 지어 고마미지현(전남 장흥)에서 귀양살이를 하 고 있었는데, 왕이 그에게 사람을 보내 물었다.

"사태가 위급하게 되었으니 어떻게 하면 좋겠느냐?"

흥수가 말했다.

"당나라 군사는 숫자도 많고 군율이 엄하며 분명합니다. 더구나 신라와 함께 우리의 앞뒤를 견제하고 있으니 만일 평탄한 벌판과

백마강

넓은 들에서 마주하고 진을 친다면 승패를 장담할 수 없습니다. 백강(백마강)과 탄현은 우리나라의 요충지로서, 한 명의 군사와 한 자루의 창을 가지고도 만 명을 당할 수 있을 것입니다. 마땅히 용감한 군사를 선발하여 그곳을 지키게 하여, 당나라 군사가 백강으로 들어오지 못하게 하고 신라 군사가 탄현을 통과하지 못하게 하면서, 대왕께서는 성문을 굳게 닫고 든든히 지키면서 그들의 물자와 군량이 떨어지고 군사들이 피곤해질 때를 기다린 후에 분발하여 갑자기 공격한다면 반드시 이길 수 있을 것입니다."

그러나 신들은 이를 믿지 않고 말했다.

"흥수는 오랫동안 옥중에 있으면서 임금을 원망하고 나라를 사랑하지 않았을 것이니, 그 말을 따를 수 없습니다. 차라리 당나라 군사로 하여금 백강으로 들어오게 하여 강의 흐름에 따라 배를 나

삼충사(삼충·흥수·계백 사당)

란히 가지 못하게 하고, 신라 군사로 하여금 탄현에 올라오게 하여 소로小路를 따라 말을 나란히 몰 수 없게 합시다. 이때에 군사를 풀어 공격하게 하면 마치 닭장에 든 닭이나 그물에 걸린 고기를 잡는 것과 같을 것입니다."

왕은 이 말을 따랐다.

왕은 또한 당나라와 신라 군사들이 이미 백강과 탄현을 지났다는 소식을 듣고 장군 계백을 시켜 결사대 5천 명을 거느리고 황산으로 가서 신라 군사와 싸우게 하였는데, 4번 싸워서 모두 이겼으나 군사가 적고 힘이 모자라서 마침내 패하고 계백이 사망하였다. 이에 왕은 군사를 모아 웅진 어귀를 막고 강가에 주둔시켰다. 소정방이 강 왼쪽 언덕으로 나와 산 위에 진을 치니 그들과 싸워서

계백장군 묘

계백장군 사당

아군이 크게 패하였다. 이때 당나라 군사는 조수가 밀려오는 기회를 타고 배를 잇대어 북을 치고 떠들면서 들어오고, 소정방은 보병과 기병을 거느리고 곧장 도성 30리 밖까지 와서 멈추었다. 우리 군사들이 모두 나가서 싸웠으나 다시 패배하여 사망자가 1만여 명에 달하였다. 당나라 군사는 승세를 타고 성으로 육박하였다. 왕이 패망을 면할 수 없음을 알고 탄식하며 말했다.

"성충의 말을 듣지 않다가 이 지경에 이르게 된 것이 후회스럽구나."

왕은 마침내 태자 효를 데리고 북쪽 변경으로 도주하였다. 소정방이 성을 포위하자 왕의 둘째아들 태가 스스로 왕이 되어 군사를 거느리고 굳게 지켰다. 태자의 아들 문사가 왕의 아들 융에게 이르기를,

"왕께서는 태자와 함께 나가버렸고, 숙부는 자기 마음대로 왕노릇을 하고 있으니 만일 당나라 군사가 포위를 풀고 가버리면 우리들이 어떻게 안전할 수 있겠는가?"

라며 마침내 측근들을 데리고 밧줄을 타고 성을 빠져 나가고 백성들도 모두 그를 뒤따르니, 태가 이를 만류하지 못하였다.

소정방이 군사들을 시켜 성에 뛰어올라 당나라 깃발을 세우게 하자, 태는 다급하여 성문을 열고 목숨 살려주기를 요청하였다. 이때 왕과 태자 효가 여러 성과 함께 모두 항복하였다. 그리하여 왕자들과 대신과 장사 88명을 포함하여 백성 1만 2천여 명과 함께 당으로 압송된 후 얼마 되지 않아 병으로 죽었다.

제3장

삼국을 통일한
신라 이야기

신라의 건국과 성장

　신라는 삼한 중에 진한의 사로국에서 시작되었다. 사로국은 경주평야에 흩어져 있던 6부족 연맹체로 박혁거세를 추대하여 왕으로 삼고 고대국가의 기틀을 다지기 시작했다. 초기의 신라는 박·석·김의 세 성씨가 중심이 되어 다스리던 작은 나라였지만 4세기 중엽, 주변의 작은 나라들을 하나씩 통합하면서 강력한 정벌국가로서의 그 위상을 높이기 시작했다.

박혁거세거서간

알에서 태어난 신라 시조

신라의 시조이며 성은 박씨이고 이름은 혁거세赫居世이다. 기원전 57년에 왕위에 오르고, 거서간居西干이라 칭했다. 그때 나이는 13세였으며, 나라 이름을 서나벌이라 했다.

이보다 앞서 조선 유민들이 산곡 사이에 나뉘어 살아 6촌을 이루었다. 첫째는 알천 양산촌, 둘째는 돌산 고허촌, 셋째는 취산 진지촌 혹은 간진촌이라 한다. 넷째는 무산 대수촌, 다섯째는 금산 가리촌, 여섯째는 명활산 고야촌이라 하였으니, 이것이 진한 6부가 되었다.

고허촌장 소벌공이 양산 기슭을 바라보니, 나정 옆 수풀 사이에서 말이 무릎을 꿇고 울고 있었다. 가까이 가보니 문득 말은 보이지 않고 큰 알이 있었다. 이를 갈라보니 갓난아이가 나왔다. 아이를 거두어 길렀는데, 나이 10여 세가 되자 재주가 특출하고 숙성

나정 숲

나정 안내판

하였다. 6부의 사람들은 그 출생이 신기하고 이상하여 이를 받들고 존경하였는데, 이때에 이르러 받들어 임금으로 삼은 것이다. 진한 사람은 표주박을 박朴이라 했는데 처음에 혁거세가 태어났던 큰 알이 박과 같았기 때문에 박으로 성을 삼았다. 거서간은 진한 사람들의 말로 왕을 가리키거나 귀인을 부르는 칭호라고 한다.

기원전 53(재위 5) 봄 정월에 용이 알영정에 나타나 오른쪽 옆구리로 여자아이를 낳았다. 할멈이 발견하여 기이하게 여기고 거두어 길렀는데 우물 이름을 따서 아이 이름을 지었다. 자라면서 덕스런 모습을 지녔다. 박혁거세가 이 소식을 듣고서 맞이하여 비로 삼았다. 행실이 어질고 안으로 잘 보필하여 당시 사람들이 이들을 두 성인이라 불렀다.

기원전 41년(재위 17)에 왕이 6부를 돌며 위로했는데, 왕비인 알영이 동행했다. 농사와 누에치기를 권하고 독려하여 땅의 이로움을 모두 얻도록 했다.

기원전 39년(재위 19) 정월에 변한이 나라를 바치고 항복해 왔다.

기원전 28년(재위 30)에 낙랑 사람들이 군대를 이끌고 침공해 왔다가 변경 사람들이 밤에도 집의 문빗장을 걸지 않고 노적가리가 들에 뒤덮여 있는 것을 보고 서로 말하기를,

"이 지방 백성들은 서로 도둑질을 하지 않으니 신라는 도가 있는 나라라 할 수 있다. 우리들이 몰래 군대를 내어 습격하는 것은 도둑질과 다르지 않으니 어찌 부끄럽지 않겠는가?"

라며 물러나 돌아갔다.

기원전 20년(재위 38) 2월에 호공을 마한에 보내 예를 갖추니 마한 왕이 호공을 꾸짖어 말했다.

"진한·변한은 우리의 속국인데 해마다 공물을 보내지 않으니 큰 나라를 섬기는 예의가 어찌 이와 같은가?"

이에 호공이 대답했다.

"우리나라에 두 성인이 일어난 뒤 세상일이 바로잡히고 자연 현상이 순조로워 창고가 가득 차고 인민은 공경과 겸양을 알게 되었습니다. 이에 진한 유민으로부터 변한·낙랑·왜인에 이르기까지 모두 두려워하지 않는 바가 없습니다. 그럼에도 우리 임금께서는 겸허하게 저를 보내 우호를 닦으시니 이는 가히 예의를 넘어서는 일이라 할 수 있습니다. 그런데도 대왕께서는 크게 노하여 군사로써 위협하시니 이는 무슨 의도이십니까?"

왕이 분노하여 그를 죽이려 하자 좌우가 간하여 그치고 호공을

돌아가게 해주었다. 호공이라는 사람은 그 종족과 성을 알 수 없다. 본래 왜인이었는데 처음에 허리에 표주박을 차고 바다를 건너왔기 때문에 호공이라 불렀다.

기원전 19년(재위 39)에 마한 왕이 세상을 뜨자 사신을 보내 조문했고, 기원전 5년(재위 53)에는 동옥저의 사신이 와서 좋은 말 20필을 바쳤다.

3년(재위 60) 9월에 두 용이 금성의 우물 속에 나타나더니 갑자기 천둥비가 내리고 성의 남문에 벼락이 쳤다.

다음 해 3월에 거서간이 세상을 떠나 사릉에 장사 지냈는데, 담암사의 북쪽에 있다.

남해차차웅

외적을 막고 나라를 안정시키다

박혁거세의 친아들인 남해차차웅南解次次雄이 4년에 제2대 왕위에 올랐다. *차차웅은 혹은 *자충이라 한다. 신체가 장대하고 성품은 침착하고 중후하였으며 지략이 많았다. 어머니는 알영부인이고 왕비는 운제부인 또는 아루부인이라고도 하였다.

8년(재위 5) 정월에 왕은 탈해가 어질다는 말을 듣고 장녀를 그의 처로 삼게 하였고, 11년(재위 7) 7월에 탈해를 대보大輔로 삼고 군국정사를 위임했다.

14년(재위 11)에는 왜인이 병선 1백여 척을 보내 해변의 민가를 약탈하자 6부의 굳센 병사들을 보내 이를 막았다. 낙랑은 신라 내부가 비었다고 여겨 매우 급하게 금성을 공격했지만 밤에 유성이

차차웅 · 자충 김대문은 차차웅에 대해 이렇게 말했다.
"차차웅은 방언으로 무당을 가리킨다. 세상 사람들은 무당이 귀신을 섬기고 제사를 받들기 때문에 이를 경외하여 마침내 존장자를 가리켜 자충이라 부르게 되었다."

나타나 적의 진영에 떨어지자, 그 무리들이 두려워 물러가다가 알천 가에 주둔하면서 돌무더기 20개를 만들어놓고 떠났다. 6부의 군사 1천 명이 이를 추격했는데, 토함산 동쪽으로부터 알천에 이르기까지 돌무더기가 있는 것을 발견하고 적이 많다고 여겨 중단했다.

18년(재위 15)에 서라벌이 가물었다. 7월에 우박이 내려 백성들이 굶주리니 창고를 열어 구제했다.

19년(재위 16) 2월에 북명北溟 사람이 밭을 갈다가 예나라 왕의 도장을 얻어 바쳤다.

22년(재위 19)에는 전염병이 크게 돌아 죽은 사람들이 많았다. 11월에도 얼음이 얼지 않았다.

24년 9월에 우박이 내렸다. 왕이 세상을 떠나 사릉원 안에 장사 지냈다.

유리이사금

6부를 재정비하고 관등제도를 만들다

남해차차웅의 아들로 유리이사금儒理尼師今이라 한다. 어머니는 운제부인이며 비는 일지갈문왕의 딸, 혹은 허루왕의 딸 박씨라 한다. 원래 남해가 세상을 떠났을 때 유리가 즉위함이 마땅했으나 대보 탈해가 평소에 덕망이 있다고 하여 그 자리를 미루어 양보하자 탈해가 말했다.

"신기대보는 용렬한 사람이 감당할 바가 못 된다. 내가 들으니 성스럽고 지혜로운 사람은 치아가 많다고 한다."

떡을 물어 시험해 보니 유리의 치아가 많았으므로, 좌우 사람들과 더불어 그를 받들어 세우니 이사금이라 칭했다.

25년(재위 2) 2월에 친히 시조묘에 제사 지내고 사면을 크게 단행했다. 28년(재위 5) 11월에 왕이 나라 안을 순행하다가 추위와 굶주림으로 죽으려 하는 할멈을 발견하고 말했다.

"내가 보잘것없는 몸으로 왕위에 있으면서 백성들을 부양하지 못하여 노인과 어린것들을 이렇게 극심한 상황에 처하게 만들었다. 이는 나의 죄이다."

왕이 옷을 벗어 덮어주고 음식을 주어 먹게 했다. 그리고 담당 기관에 명해 곳곳을 살펴 홀아비, 과부, 고아, 늙어 자식이 없는 사람과 늙고 병들어 스스로 살아갈 수 없는 자들에게 양식을 지급했다. 이를 듣고 이웃 나라 백성들이 많이 왔다. 이해에 백성들의 풍속이 즐겁고 평안하여 처음으로 도솔가를 지었다. 이것이 노래와 음악의 시작이 되었다.

32년(재위 9) 봄에 6부의 이름을 고치고 성을 하사했다. 양산부는 양부가 되었으니 성은 이씨였다. 고허부는 사량부가 되었으니 성은 최씨였다. 대수부는 점량부가 되었으니 성은 손씨였다. 간진부는 본피부가 되었으니 성은 정씨였다. 가리부는 한기부가 되었으니 성은 배씨였다. 명활부는 습비부가 되었으니 성은 설씨였다. 아울러 관官을 설치하니 모두 17등이었다. 첫째는 이벌찬, 둘째는 이척찬, 셋째는 잡찬, 넷째는 파진찬, 다섯째는 대아찬, 여섯째는 아찬, 일곱째는 일길찬, 여덟째는 사찬, 아홉째는 급벌찬, 열째는 대나마, 열한째는 나마, 열두째는 대사, 열셋째는 소사, 열넷째는 길사, 열다섯째는 대오, 열여섯째는 소오, 열일곱째는 조위였다.

왕이 6부를 모두 정하고 이를 둘로 갈라 왕녀 두 사람으로 하여금 각기 부 내의 여자를 거느리고 무리를 나누게 했다. 가을 7월

16일부터 매일 일찍 큰 부部의 뜰에 모여 삼베를 짜고 밤 10시에 파했다. 8월 15일에 이르러 그 공의 많고 적음을 가려 진 편에서는 술과 음식을 내어 이긴 편에 사례했다. 이에 노래하고 춤추며 온갖 놀이를 즐겼으니 이를 가배라 불렀다. 이때 진 편의 한 여자가 일어나 춤추고 읊조려 '회소會蘇 회소'라 하니 그 소리가 애처롭고도 우아했다. 후세 사람들이 그 소리로 노래를 만들어 회소곡이라 했다.

36년(재위 13) 8월에 낙랑이 북쪽 변경에 쳐들어와 타산성을 공격해 함락시켰다. 37년(재위 14)에는 고구려 왕 무휼이 낙랑을 습격해 멸망시켰다. 그 나라 사람 5천 명이 항복해 오니 6부에 나누어 살게 했다. 40년(재위 17) 9월에 화려·불내 2현 사람들이 함께 모의해 기병을 이끌고 북쪽 변경을 침범했다. 맥국의 우두머리가 군사들로 하여금 곡하 서쪽을 막아 물리치게 했다. 왕이 기뻐하여 맥국과 우호를 맺었다.

57년(재위 34) 9월에 왕이 병이 들자 신료들에게 말했다.

"탈해는 몸이 왕족과 연결되고 지위가 보필하는 신하의 자리에 있어 수없이 공로와 명예를 드러냈다. 짐의 두 아들은 재주가 그에게 한참 못 미친다. 내가 죽은 뒤 탈해를 왕위에 즉위하게 하여 나의 유훈을 잊지 않도록 하라."

왕이 세상을 떠나 사릉원 안에 장사 지냈다.

탈해이사금

바다를 건너와 왕이 되다

성은 석昔이고 토해라고도 한다. 비는 아효부인이다. 탈해脫解는 본래 다파나국에서 태어났다. 그 나라는 왜국의 동북쪽 1천 리 되는 곳에 있었다. 처음에 그 나라 왕이 여국왕의 딸을 맞이해 처로 삼았는데 임신한 지 7년 만에 큰 알을 낳았다. 왕은,

"사람으로서 알을 낳은 것은 상서롭지 못하다. 마땅히 이를 버려야 한다."

라고 말했다. 그 여자가 차마 그렇게 하지 못하고 비단으로 알을 싸서 보물과 함께 함에 넣고 바다에 띄워 가는 대로 맡겼다. 처음에 금관국의 해변에 이르렀는데 금관 사람들은 이를 괴이하게 여겨 거두지 않았다. 다시 진한의 아진 포구에 이르렀는데, 이때가 시조 혁거세가 즉위한 지 39년 되는 해였다. 이때 해변의 노모가

줄을 가지고 해안으로 당겨 함을 열어 살펴보니 한 어린아이가 있었다. 그 할미가 거두어 길렀다. 장성하자 신장은 9척이고 풍채가 훤하며 지식이 남보다 뛰어났다. 어떤 이가 말했다.

"이 아이의 성씨를 알 수 없는데 처음에 함이 도착했을 때 까치 한 마리가 날아 울면서 이를 따랐으니 마땅히 '작鵲' 자에서 줄여 석昔으로 성을 삼아야 한다. 그리고 둘러싼 함을 열고 나왔으니 탈해로 이름을 지어야 한다."

탈해는 처음에 고기잡이로 생업을 삼아 어미를 공양했는데 게으른 기색이 전혀 없었다. 어미가 말했다.

"너는 범상한 사람이 아니고 골상이 특이하니 배움에 정진해 공명을 세워라."

이에 오로지 학문에 정진하고 아울러 지리를 알았다. 양산 아래 호공의 집을 바라보고 길지라고 여겨 속임수를 내어 차지하고 이곳에 살았다. 이곳은 뒤에 월성月城이 되었다.

8년(남해왕 5)에 그가 어질다는 말을 듣고 왕은 딸을 그에게 시집보냈다. 10년(남해왕 7)에는 그를 등용해 대보로 삼고 정사를 맡겼다. 유리왕이 세상을 떠나려 할 때 말했다.

"선왕께서 유언하시길 '내가 죽은 뒤 아들과 사위를 따지지 말고 나이가 많고 어진 자로 왕위를 잇게 하라.'고 하셨기에 과인이 먼저 즉위했다. 지금은 마땅히 탈해에게 왕위를 전해야 한다."

그리하여 57년에 제4대 왕위에 올랐다. 즉위 이듬 해 호공을 대

보로 삼았으며 외교에 힘을 기울여 59년(재위 3)에 왜국과 친교를 맺고 사신을 교환했다. 61년(재위 5)에는 마한의 장수 맹소가 복암성을 바치고 항복했다. 그러나 백제와는 대결 상태였는데, 63년(재위 7)에 백제의 다루왕이 낭자곡성까지 땅을 개척하고 사신을 보내 회동을 청했으나 왕은 나아가지 않았다. 그 다음 해에 백제가 와산성과 구양성을 공격해 오자 기병 3천 명으로 쫓아냈다.

65년(재위 9) 3월 밤에 왕이 금성 서쪽의 시림始林 나무들 사이에서 닭이 우는 소리를 들었다. 날이 밝자 호공을 보내 살펴보니 금색의 작은 궤짝이 나뭇가지에 걸려 있고 흰 닭이 그 아래에서 울고 있었다. 호공이 돌아와 고하니, 왕은 사람을 시켜 궤짝을 가져와 열게 했다. 작은 남자아이가 그 안에 있었는데 자태가 뛰어나게 훌륭했다. 왕이 기뻐하며 좌우에 일러,

"이 어찌 하늘이 내게 내려준 아들이 아니겠는가!"

라며 거둬 길렀다. 자라면서 총명하고 지략이 많아 이름을 알지閼智라 했다. 그가 금 궤짝에서 나왔기 때문에 성을 김씨라 했고, 시림의 이름을 계림으로 고치고 이것으로 국호를 삼았다.

67년에 박씨의 귀척

계림

계림비각

貴戚에게 주군州郡을 나누어 다스리게 했는데, 그 이름을 주주·군주라고 칭했으며, 순정을 이벌찬으로 삼고 정사를 맡겼다. 73년(재위 17)에는 왜인이 목출도를 침범해 각간 우오를 보내 막았으나 이기지 못하고 우오는 전사하였다.

74년에는 백제군이 변방을 노략하자 탈해가 병사를 보내 격퇴했다. 75년에 크게 가물어 백성이 굶주렸으므로 창고를 열어 곡식을 나누어주어서 진휼하였다. 음력 10월에 백제가 와산성을 다시 공격하여 함락되었으나 이듬 해 음력 9월에 회복하고 백제인 2백 명을 모두 죽였다.

77년에 황산진에서 가야군과 싸워 1천여 급을 베고 잡았다. 79년에는 장군 거도를 파견하여 현재의 울산 울주구, 부산 동래구에 해당하는 우시산국과 거칠산국을 병합하였다.

80년 음력 8월에 왕이 세상을 떠나니, 성 북쪽의 양정구에 장사 지냈다.

파사이사금

주변 소국들을 병합하다

파사婆娑이사금은 유리이사금의 둘째아들이다. 혹은 유리이사
금의 동생인 내로의 아들이라고도 한다. 왕비는 허루갈문왕의 딸
인 사성부인 김씨이다. 처음에 탈해가 세상을 떠났을 때 신료들이
유리의 태자 일성을 추대하려 했다. 어떤 사람이 말했다.

"일성은 적통이지만 위엄과 지혜가 파사에 미치지 못한다."

그리하여 마침내 파사를 추대하여 제5대 왕위에 올랐다. 파사는
검약하며 씀씀이를 아끼고 백성들을 사랑하여 나라 사람들이 가
상히 여겼다.

파사이사금 대에 신라는 백제와 가야와 자주 무력 충돌이 일어
났다. 때문에 안으로는 성곽을 만들어 국토방위에 만전을 기했고,
밖으로는 주변 소국들을 활발히 정복하기도 했다.

82년(재위 3) 정월에 왕은 명령을 내려 말했다.

"지금 창고가 비어 있고 무기가 무뎌졌는데 혹시라도 홍수나 가뭄 같은 재난이 있거나 변방이 위태로워지면 어떻게 대응할 수가 있겠는가? 마땅히 관계기관에 명령하여 농사와 누에치기를 권하고 군사를 단련하여 만일에 대비하라."

87년(재위 8) 7월에도 왕은 이렇게 명령을 내렸다.

"짐이 부덕함에도 나라를 다스리는데, 서쪽으로는 백제와 이웃하고 남쪽으로는 가야와 경계하여 덕은 백성들을 편안하게 하지 못하고 위엄은 경외감을 불러일으키기에 부족하다. 마땅히 성루를 수리하여 침입에 대비하라."

그 달에 가소성과 과마두성을 쌓았다.

94년(재위 15)에 가야가 마두성을 포위하니 아찬 길원을 보내 기병 1천 명을 이끌고 격퇴하게 했다. 96년(재위 17)에 가야가 다시 남쪽 변경을 침범하여 가소성주 장세를 보내 막게 했는데 적에게 죽임을 당했다. 왕이 노하여 날쌘 군사 5천 명을 이끌고 출전하여 패배시키니 포로로 잡은 숫자가 심히 많았다. 다음 해에 가야를 치려 하다가 가야 왕이 사신을 보내 사죄하여 중지했다.

102년에 음집벌국과 실직곡국이 강역을 다투다가 왕에게 와서 그에 대한 결정을 요청했다. 왕은 이를 곤란하게 여겨 가야 수로왕에게 자문을 구하여 문제의 땅을 음집벌국에 귀속시켰다. 이에 왕은 6부에 명해 함께 모여 수로왕에게 향연을 베풀도록 했다. 5부는 모두 이찬으로 접대를 주관하게 했으나, 한기부만은 지위가

수로왕릉

수로왕비릉

낮은 자로 이를 주관하게 했다. 수로왕은 노하여 종 탐하리에게 명해 한기부의 우두머리 보제를 죽이고 돌아갔다. 그 종은 음집벌의 우두머리 타추간의 집으로 도망해 의탁하였다. 왕이 사람을 시켜 그 종을 찾았으나 타추간은 보내지 않았다. 왕이 노하여 군사로 음집벌국을 정벌하니 그 우두머리와 무리가 스스로 항복했으며, 실직과 압독의 두 국왕도 항복해 왔다.

104년에 실직국이 반란을 일으키자 군사를 내어 평정하고 남은 무리를 남쪽 변경으로 옮겼다. 다음 해 백제가 사신을 보내 화해를 청했다. 106년에 왕은 압독국에 행차해 빈궁한 자들을 구해 주고, 마두성주를 시켜 가야를 정벌하게 했다. 108년 5월에 큰 비가 내려 백성들이 굶주렸다. 이에 사람들을 10길로 나누어 보내 창고를 열어 구해주었다. 또 군사를 보내 비지국 · 다벌국 · 초팔국을 쳐서 합병했다.

112년(재위 33)에 왕이 세상을 떠나니 사릉원에 장사 지냈다.

지마이사금

백제와 왜국과 강화를 맺다

지마祗摩이사금의 성은 박씨이고 이름은 지미라고도 한다. 파사이사금의 아들로 어머니는 허루갈문왕의 딸인 사성부인이고, 왕비는 마제갈문왕의 딸인 김씨 애례부인이다. 처음에 파사왕이 유찬의 못에서 사냥했는데 지마도 따라갔다. 사냥이 끝난 뒤 한기부를 지날 때 이찬 허루가 향응을 베풀었다. 술기운이 얼큰해지자 허루의 처는 어린 딸을 데리고 나와 춤을 추었다. 마제 이찬의 처도 딸을 데리고 나오니 태자가 보고서 기뻐했다. 허루가 기뻐하지 않으니 왕이 허루에게 말했다.

"이곳의 지명은 대포이다. 공이 이곳에서 풍성한 음식과 잘 빚은 술을 차려 잔치를 즐기게 해주었으니, 마땅히 주다(신라 때에 둔 외위外位의 둘째 등급)의 자리를 주어 이찬의 위에 있게 하겠다."

그리고 서마제의 딸을 지마의 배필로 삼았다. 주다는 뒤에 각간이라 불렀다.

　지마는 112년에 제6대 왕위에 올랐다. 즉위 후 백제와 왜국과
강화를 맺었다. 그러나 가야와 말갈과는 첨예하게 대치하였다.
115년(재위 4) 2월 가야가 남쪽 변경을 침범했다. 이에 그해 7월에
가야를 친히 정벌했다. 보병과 기병을 이끌고 황산하를 건넜는데
가야 사람들이 수풀 속에 복병을 두고 기다렸다. 왕이 알아차리지
못하고 바로 나아가니 복병이 출현해 몇 겹으로 둘러쌌다. 왕은
군대를 지휘해 떨쳐 공격해 포위를 뚫고서 퇴각했다. 그 다음 해
에도 왕이 정예병 1만 명을 이끌고 가야를 공격했다. 그러나 가야
는 성문을 닫고 굳게 지켰는데, 마침 오랫동안 비가 내리자 돌아
왔다.

　125년(재위 14) 정월에 말갈이 북쪽 변경에 대대적으로 침입해
관리와 백성들을 죽이고 사로잡아 갔다. 다시 7월에 대령책을 습
격하여 이하泥河를 지나니 왕이 백제에 글을 보내 구원을 청했다.

백제가 다섯 장군을 보
내 도우니 적이 듣고서
물러갔다.

　134년(재위 23)에 세상
을 떠났는데, 아들이 없
었다.

지마이사금릉

일성이사금

정사당을 만들고 농사를 장려하다

일성逸聖이사금은 유리이사금의 맏아들, 혹은 일지갈문왕의 아들이라 하며 134년에 제7대 왕위에 올랐다. 왕비는 박씨로 지소례왕의 딸이다.

136년에 웅선을 이찬으로 삼아 내외의 군사 사무를 총괄하게 했다. 말갈의 침입이 잦았는데, 137년(재위 4) 2월에 말갈이 변경으로 들어와 장령의 5책을 불태웠다.

138년에 금성 남쪽에 정사당을 설치했는데, 이는 과거에 모든 국정을 궁실에서 처리하던 단계에서 벗어나서 별도의 정청을 마련한 점에서 큰 의의가 있다.

139년(재위 6) 8월에도 말갈이 장령을 습격해 백성들을 사로잡아 갔다. 이에 다음 해 장령에 목책을 세워 말갈을 방어했고, 말갈을 정벌할 것을 논의했으나 웅선의 반대로 중지하였다.

144년(재위 11)에 왕은 '농사는 정치의 근본이고 먹는 것은 곧 백성들의 하늘이다. 각 주와 군에서는 제방을 완벽하게 수리하고 논밭과 들을 널리 개척하라.'고 명령을 내렸다. 또 민간에서 금은 주옥 사용을 금지하기도 했다.

148년(재위 15)에는 박아도를 갈문왕으로 삼았다. 신라에서는 후대에 추봉(죽은 뒤에 봉함)한 왕을 모두 갈문왕이라 칭했다. 154년(재위 21) 2월에 왕이 세상을 떠났다.

일성이사금릉

아달라이사금

길선 때문에 백제와 관계가 악화되다

아달라阿達羅이사금은 일성이사금의 큰아들이다. 어머니는 박씨로 지소례왕의 딸이며, 비도 박씨로 지마이사금의 딸인 내례부인이다. 키가 7척이며 콧마루가 두터워 진귀한 상이었다. 154년에 제8대 왕위에 올랐다. 재위 중에 156년 계립령, 158년에는 죽령의 길을 개통했다. 또 왜인과는 평화적인 친선관계를 유지하여 158년에 왜인의 방문이 있었고, 173년에는 왜국 여왕 히미코의 사신이 내방한 적이 있다.

한편 165년(재위 12) 10월에 아찬 길선이 반란을 도모하다 발각되자 죽임을 당할까 두려워해 백제로 망명하였다. 왕이 서한을 보내 그를 요구했지만 백제가 허락하지 않았다. 이에 왕이 노하여 군사를 내어 쳤다. 그 뒤에도 백제와의 관계가 악화되어 167년(재위 14)과 170년(재위 17)에 무력충돌이 있었다. 특히 167년 충돌

때에는 백제가 서쪽의 두 성을 격파하고 1천여 명의 주민을 사로 잡아 가자, 일길찬 흥선을 시켜 2만 명의 군사를 동원하고 왕이 직접 기병 8천여 명을 이끌고 한수에 다다르니 백제가 크게 두려워하여 잡아갔던 주민들을 돌려보내고 화친을 청했다.

184년(재위 31) 3월에 왕이 세상을 떠났다.

벌휴이사금

바람과 구름을 점쳐 홍수나 가뭄을 예측하다

벌휴伐休이사금의 성은 석씨이고 이름은 벌휴이다. 탈해이사금의 아들인 구추 각간의 아들로, 어머니는 김씨 지진내례부인이다. 박씨 왕인 아달라이사금이 아들이 없이 죽자 나라 사람들이 그를 추대해 184년에 제9대 왕위에 올랐다. 왕은 바람과 구름을 점쳐 홍수와 가뭄, 그리고 그해의 풍흉을 미리 알았다. 또 사람의 사악함과 정직함을 알았으므로 사람들이 그를 성인이라고 하였다.

185년(재위 2) 파진찬 구도와 일길찬 구수혜를 좌우 군주로 삼아 소문국(경북 의성 일대)을 정복했다.

187년(재위 4) 3월에 주·군에 영을 내려 토목공사를 일으켜 농사의 시기를 뺏는 일이 없도록 하였다. 다음 해 백제가 모산성을 공격해 와서 파진찬 구도에게 명하여 군사를 내어 막게 하였다.

189년(재위 6) 7월에 구도가 백제군과 구양에서 싸워 이기고 5

백 명을 포로로 잡았다. 이에 190년(재위 7)에는 백제가 다시 공격해 원산향을 습격하고 부곡성을 포위했다. 구도가 5백 기병을 이끌고 공격했으나 패배, 왕은 구도가 실책했다고 해서 부곡성주로 좌천시키고 설지를 좌군주로 삼았다.

193년(재위 10)에 왜인 1천여 명이 기아를 피해 대규모로 신라에 도망왔다.

196년(재위 13)에 왕이 세상을 떠났다.

내해이사금

외적을 막고 가야를 구원하다

내해奈解이사금은 벌휴왕의 손자이다. 어머니는 내례부인이다. 왕비는 석씨로서 조분왕의 누이동생이다. 용모가 웅장하고 뛰어난 재주가 있었다. 벌휴이사금의 태자인 골정과 둘째아들 이매가 일찍 죽고, 골정의 아들이 어려 이매의 아들 내해가 196년에 제10대 왕위에 올랐다. 이해 정월부터 4월까지 비가 오지 않았는데 왕의 즉위식 날에 큰 비가 내리자 백성들이 기뻐하며 경축했다.

재위 중 자주 백제, 말갈, 왜의 침입을 받았고 가야와는 화친했다. 199년(재위 4) 7월에 백제가 국경을 침범하였고, 201년(재위 6) 2월에 가야가 화친을 청하였다. 203년(재위 8) 10월에는 말갈이 변경을 침범하였다.

207년(재위 13)에 왕자 이음을 이벌찬으로 임명했다. 다음 해 2월에 왜가 국경을 침범하자 이음을 보내 병사를 거느리고 막게 하였다. 209년(재위 14) 7월에 포상(창녕과 진해 등지)의 여덟 나라가 가라를 침입하려고 하자 가라 왕자가 와서 구원을 요청하였다. 왕이 태자 우로와 이벌찬 이음에게 명해 6부의 군사를 거느리고 가서 구해주어, 여덟 나라의 장군을 공격해 죽이고 포로로 잡혔던 6천 명을 빼앗아 돌려주었다. 212년(재위 17)에는 가야가 왕자를 보내 볼모로 삼게 하였다.

214년(재위 19) 7월에 백제가 나라 서쪽의 요거성에 쳐들어와 성주 설부를 죽였다. 왕이 이벌찬 이음에게 명령해 정예병 6천 명을 거느리고 백제를 치게 하여 사현성을 함락시켰다.

218년(재위 23) 7월에 무기창고의 병기가 스스로 나왔다. 백제가 다시 장산성을 포위하자 왕이 몸소 병사를 거느리고 나아가 공격하여 달아나게 하였다.

220년 왕자이자 이벌찬인 이음이 죽어 충훤을 이벌찬으로 삼았다. 222년(재위 27) 10월에 백제가 우두주를 공격하여 충훤이 막았으나 적에게 패하여 진주로 좌천시키고, 연진을 이벌찬으로 삼아 군사에 관한 일을 맡도록 하였다. 연진은 224년 7월에 봉산 아래에서 백제와 싸워 승리하고 1천여 급을 죽이고 사로잡았다. 그해 8월 봉산에 성을 쌓았다.

229년(재위 34) 4월에 뱀이 남쪽 창고에서 3일 동안 울고, 가을에 지진이 일어났으며 겨울에 큰 눈이 와 5척이나 쌓였다.

다음 해 3월에 왕이 세상을 떠났다.

조분이사금

감문국을 토벌하고 왜병을 격퇴시키다

조분助賁이사금의 성은 석씨이고 이름은 제귀라고도 한다. 벌휴이사금의 손자이고, 아버지는 골정갈문왕, 어머니는 김씨로 구도갈문왕의 딸인 옥모부인이다. 왕비는 내해이사금의 딸인 아이혜부인이다. 내해이사금이 죽을 때 사위인 조분에게 뒤를 잇게 하라고 유언해 230년에 제11대 왕위에 올랐다.

왕은 키가 크고 풍채가 뛰어났으며 일을 함에 있어 명철하고 과단성이 있으므로 나라 사람들이 두려워하면서도 존경하였다. 재위 중에 적극적으로 영토 확장을 했다.

231년(재위 2) 이찬 우로를 대장군으로 삼아 감문국을 토벌하고 그 땅을 군郡으로 삼았다.

232년(재위 3) 4월에 왜인이 갑자기 와서 금성을 포위하였다. 왕이 몸소 나가 싸워 적이 흩어져 도망가니 날쌘 기병을 보내어 추격하게 해서 1천여 명을 죽이거나 사로잡았다. 다음 해 7월에도 동쪽 변경을 노략질하여 우로가 왜인과 더불어 사도에서 싸웠는데, 바람을 이용해 불을 놓아 배를 불태워서 적이 물속에 뛰어들어 모두 죽었다.

236년(재위 7)에는 골벌국의 왕인 아음부가 무리를 이끌고 항복해 오니, 집과 논밭을 주어 편안히 살게 하고 그 땅을 군으로 만들었다.

240년(재위 11)에 백제가 서쪽 변방을 침범하였다. 245년(재위 16) 10월에는 고구려가 북쪽 변경을 침범하였다. 우로가 군사를 거느리고 나가 싸웠으나 이기지 못하고 물러나 마두책을 지켰다. 그날 밤은 몹시 추웠는데, 우로가 사졸들을 위로하고 몸소 장작을 피워 그들을 따뜻하게 해주니 모두 마음으로 감격하였다.

247년(재위 18) 5월에 왕이 세상을 떠났다.

첨해이사금

고구려와 화친을 맺고 백제와 싸우다

첨해沾解이사금은 조분이사금의 친동생으로 이해 또는 점해라 고도 한다. 아버지는 골정이며, 어머니는 구도갈문왕의 딸인 옥모 부인이다. 247년에 제12대 왕위에 올랐다. 즉위하자마자 아버지 골정을 세신갈문왕으로 봉했다.

248년(재위 2) 2월에 고구려에 사신을 보내 화친을 맺었다. 249 년에 왜인이 서불한 우로를 죽였다. 같은 해 7월 궁궐 남쪽에 남 당을 지었다.

251년(재위 5) 정월에 처음으로 남당에서 정무를 보았다. 한기 부 사람 부도가 집이 가난했지만 아첨하는 바가 없고 글씨와 계산 을 잘해 당시에 이름이 알려져 있었다. 왕이 그를 불러 아찬으로 삼고 물장고物藏庫(나라에 필요한 물품을 보관하던 창고)의 사무를 맡겼다. 재위 기간 동안 백제와 관계가 좋지 않았다.

255년 9월에 백제가 침범하여 일벌찬 익종이 괴곡 서쪽에서 싸우다 전사했다. 10월에도 백제가 봉산성을 공격해 왔으나 함락되지 않았다. 261년 2월에 달벌성을 쌓고 나마 극종을 성주로 삼았다. 같은 해 3월에 백제가 사신을 보내 화친을 청했으나 허락하지 않았다. 그해 12월에 왕이 갑자기 병이 나서 세상을 떠났다.

미추이사금

내치에 힘쓰고 백제의 공격을 막다

262년에 미추味鄒이사금이 제13대 왕위에 올랐다. 어머니는 박씨로 갈문왕 이칠의 딸이고, 왕비는 석씨 광명부인으로 조분왕의 딸이다. 그의 선조 알지가 계림에서 태어나 탈해왕이 거두어 궁중에서 길러 나중에 대보大輔(신라 초기의 최고 관직)로 삼았다. 알지는 세한을 낳았고, 세한은 아도를 낳았고, 아도는 수류를 낳았고, 수류는 욱보를 낳았고, 욱보는 구도를 낳았는데, 구도가 곧 미추의 아버지이다. 첨해이사금이 아들이 없자 나라 사람들이 미추를 왕으로 세웠다. 이것이 김씨가 나라를 갖게 된 시초이다.

즉위 후 내치에 힘썼다. 264년(재위 3) 2월에 동쪽으로 순행하여 바다를 보며 제사 지냈다. 3월에 황산에 행차해 나이 많은 사람과 가난해서 스스로 살아갈 수 없는 사람을 진휼하였다. 268년(재위 7) 봄과 여름에 비가 오지 않자 군신들을 남당에 모이게 해 친히 정치와 형벌 시행의 잘잘못을 물었다. 또한 사신 5명을 보내 두루 돌며 백성의 괴로움과 걱정거리를 물어보게 하였다. 272년(재위 11) 2월에 명령을 내려 무릇 농사짓는 일에 해로움이 있으면 일체 그것을 없애라고 하였다. 276년(재위 15) 2월에 신료들이 궁실을 고쳐 짓기를 청하였으나 임금이 백성을 수고롭게 하는 것이어서 따르지 않았다.

한편 백제가 자주 침입하였다. 267년 백제가 봉산성을 공격해 왔다. 성주 직선이 장사 2백 명을 거느리고 나가 그들을 공격하니 적이 패하여 달아났다. 왕이 그것을 듣고 직선을 일길찬으로 삼고 사졸들에게도 상을 후하게 내렸다. 272년(재위 11)과 278년(재위 17), 283년(재위 22)에도 백제가 쳐들어왔으나 이를 모두 잘 막았다. 이에 다음 해에 나라 서쪽의 여러 성을 돌아다니며 병사들을 위로하였다.

284년 10월에 왕이 세상을 떠나니 대릉에 장사 지냈다.

유례이사금

음병의 도움으로 외적을 물리치다

유례(儒禮)이사금은 조분이사금의 맏아들로 성은 석씨이며 이름이 제3대 왕과 같은 '유리'라고도 한다. 어머니는 박씨로 갈문왕나음의 딸이다. 일찍이 밤에 다니다가 별빛이 입에 들어와 그로인해 임신하게 되었다. 유례왕이 태어난 날 저녁에 이상한 향기가방에 가득하였다. 284년에 제14대 왕위에 올랐다. 재위기간 동안백제와 잠시 화친했고 왜와의 관계는 악화되어 있었다.

286년(재위 3) 정월에 백제가 사신을 보내 화친을 청했다. 287년(재위 4)에는 왜인이 일례군을 습격하여 1천 명을 사로잡아 갔다. 289년(재위 6) 5월에 왜병이 쳐들어온다는 소식을 듣고 배와노를 수리하고 갑옷과 무기를 손질하였다. 292년(재위 9)에는 왜병이 사도성을 공격하여 함락하자 일길찬 대곡을 시켜 군사를 거느리고 가서 구해주고 지키게 하였다. 이처럼 자주 왜의 침공을 받자 295년(재위 12) 봄에 왕이 신하들에게 말했다.

"왜인이 자주 우리의 성읍을 침범하여 백성들이 편안하게 살 수가 없다. 나는 백제와 함께 도모해서 일시에 바다를 건너 그 나라에 들어가 공격하고자 하는데 어떠한가?"

서불한 홍권이 대답하였다.

"우리나라 사람은 물에서의 싸움은 익숙하지 않은데, 위험을 무릅쓰고 멀리까지 가서 정벌한다면 뜻하지 않은 위험이 있을까 두렵습니다. 하물며 백제는 거짓이 많고 항상 우리나라를 집어삼키려는 마음을 가지고 있으니 함께 도모하기는 어려울 듯합니다."

왕이 옳다고 여겨 그만두었다.

297년(재위 14)에는 옛 이서국의 잔존 세력이 금성을 공격해 와서 방어했지만 물리치지 못하고 곤경에 처했다. 이때 문득 이상한 군사들이 왔는데 그 수가 헤아릴 수 없이 많았다. 사람들이 모두 대나무 잎을 꽂고 있었는데, 아군과 함께 적을 공격해 깨뜨린 후 어디로 간지를 알 수 없었다. 사람들이 대나무 잎 수만 장이 죽장릉(미추이사금릉)에 쌓여 있는 것을 보았다. 이로 인해 나라 사람들이 말했다.

"선왕이 음병陰兵으로써 싸움을 도왔다."

298년(재위 15) 12월에 왕이 세상을 떠났다.

흘해이사금
왜병을 막고 농사를 장려하다

흘해訖解이사금은 나해이사금의 손자이다. 아버지는 각간 우로이고 어머니는 명원부인으로 조분왕의 딸이다. 우로가 임금을 섬기는데 공이 여러 번 있어 서불한이 되자, 흘해의 용모가 뛰어나고 담력이 있으며 머리가 뛰어나 일을 하는 것이 보통사람들과 다른 것을 보고 여러 사람에게 말했다.

"우리 집안을 일으킬 사람은 반드시 이 아이일 것이다."

이때 이르러 기림이사금이 죽고 아들이 없었으므로 군신들이 의논해 말했다.

"흘해가 어리지만 노련한 덕이 있다."

이리하여 그를 추대하여 제16대 왕으로 삼았다.

312년(재위 3) 3월에 왜국 왕이 사신을 보내 자기의 아들을 위해 혼인을 청하여 아찬 급리의 딸을 보냈다. 그 뒤 344년(재위 35) 봄

2월에 왜국에서 다시 사신을 보내 혼인을 청하였으나 딸이 이미 출가했다고 하여 사절하였다. 이에 격분한 왜국은 국교를 단절하고 346년(재위 37)에 왜병이 갑자기 풍도에 침입하여 변방의 민가를 노략질하였다. 또 진군하여 금성을 포위하고 급하게 공격하였다. 왕이 군사를 내어 싸우고자 하였으나 이벌찬 강세가 말했다.

"적은 멀리서 왔으므로 그 날카로운 기세를 당해낼 수가 없으니, 그들이 피로해지기를 기다리는 것만 못 합니다."

왕이 그렇다고 여겨 문을 닫고 나가지 않으니 적은 식량이 다해 물러가려 하였다. 강세에게 명하여 굳센 기병을 거느리고 추격하여 그들을 쫓았다.

한편 내정에도 힘을 써서 313년(재위 4) 7월에 가물고 우박의 피해가 있어 백성들이 굶주리자 사신을 보내 그들을 구휼하였다. 또 318년(재위 9) 2월에 농사를 장려하는 명령을 내렸다.

"예전에 가뭄의 재해 때문에 그해의 농사가 순조롭게 이루어지지 않았다. 지금은 곧 땅이 기름지고 생기가 계속 일어나 농사가 바야흐로 시작되었으니 무릇 백성을 수고롭게 하는 일은 모두 그만두어라."

그리고 330년(재위 21) 처음으로 벽골지를 만들었는데 둑의 길이가 1천 8백 보였다.

337년(재위 28) 2월에 백제에 사신을 보내 예방하였다.

356년(재위 47) 4월에 왕이 세상을 떠났다.

신라의 시련과 도약

　4세기 후반 내물왕 때부터 신라는 진한의 여러 나라를 정복
하여 낙동강 유역까지 영토를 확장하였고, 지증왕과 법흥왕 때
에 이르러서는 김씨에 의한 왕위계승권을 확립하여 통치 질서
를 바로잡고, 수도와 지방의 행정 구역을 정리하였으며 율령을
반포하는 등 일련의 정치제도를 확립하여 중앙집권의 정치체계
를 완비했다. 또 진흥왕 때에는 한강 유역까지 영역을 확장시켰
으나 이로 인해 백제와 고구려의 견제와 공격을 동시에 받는
시련을 겪어야 했다.

내물이사금

왜병과 말갈의 침입을 격퇴하다

내물奈勿이사금의 성은 김씨이고 나물 또는 나밀이라고도 불린다. 구도갈문왕의 손자이다. 아버지는 각간 말구이고 어머니는 김씨 휴례부인이다. 말구와 미추이사금은 형제이고, 왕비는 김씨로서 미추이사금의 딸이다. 흘해이사금이 아들이 없이 세상을 떠나자 356년에 내물이 제17대 왕위에 올랐다.

357년(재위 2) 봄에 홀아비·홀어미·고아·자식 없는 늙은이를 위로하여 각각 곡식 3곡斛을 내려주고, 효도와 공경함에 특별한 행실이 있는 사람에게 직급 한 등급씩 올려주었다.

364년(재위 9) 4월에 왜병이 대거 침입했다. 왕이 이를 듣고 두려워하여 풀로 허수아비 수천 개를 만들어 옷을 입히고 무기를 들려서 토함산 아래에 나란히 세워두었다. 또한 용맹한 군사 1천 명을 부현의 동쪽 들판에 숨겨놓았다. 왜인은 무리가 많음을 믿고 곧바로 나아가자 숨어 있던 군사가 일어나 불의에 공격하였다. 왜인이 대패하여 달아나므로 추격하여 그들을 거의 다 죽였다.

366년(재위 11) 3월에 백제 사람이 와서 예방하였고, 368년(재위 13) 봄에 백제가 사신을 보내 좋은 말 2필을 바쳤다. 373년(재위 18)에는 백제의 독산성주가 3백 명을 거느리고 투항해 왔다. 왕이 그들을 받아들여 6부에 나누어 살게 했다. 백제의 근초고왕이 문서를 보내 말하였다.

"두 나라가 화친을 맺어 형제가 되기를 약속했는데, 지금 대왕께서 우리의 도망한 백성을 받아들이니 화친한 뜻에 매우 어긋납니다. 이는 대왕이 바라는 바가 아닐 것입니다. 청컨대 그들을 돌려보내십시오."

내물왕이 대답했다.

"백성은 일정한 마음이 없소. 그러므로 생각나면 오고 싫어지면 가버리는 것이오. 그런데 대왕께서는 백성이 편치 않음은 걱정하지 않고 도리어 과인을 나무라는 것이 어찌 이리 심하단 말이오."

백제가 그 말을 듣고 다시 말하지 않았다.

392년(재위 37) 정월에 고구려에서 사신을 보냈다. 왕은 고구려가 강성했으므로 이찬 대서지의 아들 실성을 보내 볼모로 삼았다. 실성은 401년 신라로 돌아왔다.

393년(재위 38) 5월에 왜인이 와서 금성을 포위하고 5일 동안 풀지 않았다. 장수와 병사들이 모두 나가 싸우기를 청하였으나 왕은,

"지금 적들은 배를 버리고 깊숙이 들어와 사지에 있으니 그 날 카로운 기세를 당할 수 없다."

그리고는 이내 성문을 닫았다. 적이 아무 성과 없이 물러가자 왕이 용맹한 기병 2백 명을 먼저 보내 그 돌아가는 길을 막고, 또한 보병 1천 명을 보내 독산까지 추격하여 합동으로 공격하니 그들을 크게 물리쳐서 죽이거나 사로잡은 사람이 매우 많았다.

397년(재위 42) 7월에 북쪽 변경의 하슬라에 가뭄과 우박의 피해로 흉년이 들어 백성이 굶주렸다. 이에 죄수를 살펴서 사면하고 1년 동안의 조세와 공물을 면제하여 주었다.

400년(재위 45) 8월에 살별(혜성)이 동쪽에 나타났다. 10월에 왕이 타던 내구마가 무릎을 꿇고 눈물을 흘리며 슬프게 울었다.

402년(재위 47) 2월에 왕이 세상을 떠났다.

내물이사금릉

싸워 그들을 격파하여 3백여 명을 죽이거나 사로잡았다.

또 407년(재위 6)에도 왜인이 동쪽과 남쪽 변경을 침입하여 1백 명을 노략질해 갔다. 다음 해 왕은 왜인이 대마도에 군영을 두고 무기와 군량을 쌓아두어 우리를 습격하려고 한다는 말을 듣고서 그들이 일어나기 전에 우리가 먼저 정예군사를 뽑아 적의 군영을 격파하고자 하니 서불한 미사품이 말했다.

"신이 듣건대 '무기는 흉한 도구이고 싸움은 위험한 일이다.' 라고 합니다. 하물며 큰 바다를 건너서 남을 정벌하는 것은 만에 하나 이기지 못하면 후회해도 돌이킬 수가 없습니다. 따라서 험한 곳에 의지하여 요새를 설치해 두었다가 적이 오면 곧 그들을 막아서 침입하지 못하게 하고, 우리가 유리해지면 곧 나아가 그들을 사로잡는 것만 못 합니다. 이것이 이른바 남을 유인하지만 남에게 유인당하지 않는다는 것이니, 가장 좋은 계책입니다."

왕이 그 말에 따랐다.

그리고 415년에는 왜병과 풍도에서 싸워 이겼다. 그 후 다시 내물왕의 또 다른 아들이었던 눌지까지 고구려의 볼모로 보내 원한을 갚으려 했다. 그래서 사람을 보내 고구려에 있을 때 알고 지내던 사람을 불러 말했다.

"눌지를 보면 곧 죽이시오."

그런데 고구려 사람이 눌지를 보고 외모와 정신이 시원스럽고 우아해 군자의 풍채가 있으므로 차마 죽이지 못하고 돌아가며 말하였다.

"그대 나라의 왕이 나를 시켜 당신을 해치도록 했으나 지금 그대를 보니 차마 해치지 못하겠다."

눌지가 이를 원망하여 도리어 고구려의 지원을 얻어 마침내 417년에 왕을 시해했다.

눌지마립간

백제와 화친을 맺고 농사를 장려하다

눌지마립간訥祇麻立干은 내물왕의 아들이다. 어머니는 보반부인 또는 내례길포라고도 하는데 미추왕의 딸이고, 왕비는 실성왕의 딸이다. 실성왕이 눌지를 고구려에 볼모로 보냈는데, 눌지가 돌아와 왕을 시해하고 스스로 417년에 제19대 왕위에 올랐다.

418년(재위 2) 실성왕에 의해서 볼모로 보내진 두 아우에 대한 그리움이 더욱 사무치고 타국의 영향력을 배제하기 위해 박제상을 시켜 고구려에 볼모로 가 있던 동생 복호를 탈출시키고, 이어 실성왕 때 왜국의 볼모가 되었던 동생 미사흔을 귀국시켰다.

424년(재위 9) 고구려에 사신을 파견하여 기존의 외교관계를 유지하는 한편, 고구려의 남진정책에 대비하기 위해 적대관계에 있던 백제와 433년(재위 17)에 화친을 맺었다. 455년(재위 39)에 고구려가 백제를 침략하니 왕이 군사를 보내 구해주었다.

그리고 왜병이 431년(재위 15)과 440년(재위 24)에 명활성과 변경을 침입했으나 아무런 성과 없이 돌아갔다.

한편 내치에 힘을 써서 423년(재위 7) 남당에서 노인들을 대접하였는데, 왕이 몸소 음식을 집어주고 곡식과 비단을 차등 있게 내려주는 등 민심을 수습하기 위해 노력했다. 또한 429년(재위 13) 2천1백70보 길이의 저수지인 시제를 축조하고, 438년(재위 22)에는 우차牛車(소가 끄는 수레)의 사용법을 백성들에게 가르쳐 농업 생산력의 발전을 꾀했다. 또 왕권을 강화하기 위해 왕위의 부자상속제를 확립했다.

458년(재위 42) 2월에 지진이 있어 금성의 남문이 스스로 무너졌다. 같은 해 8월에 왕이 세상을 떠났다.

자비마립간

외적의 침입에 대비하여 각지에 성을 쌓다

　자비慈悲마립간은 눌지마립간의 맏아들이고, 어머니는 김씨이며 실성이사금의 딸이다. 왕비는 김씨이며 서불한 미사흔의 딸이다. 458년에 제20대 왕위에 올랐다.

　재위기간 동안 자주 왜병과 고구려의 침입을 받았다. 459년(재위 2)에 왜인이 병선 1백여 척으로 동쪽 변경을 습격하고 나아가 월성을 포위하였는데 사방에서 날아오는 화살과 돌이 비 오는 것과 같았다. 왕성을 지키자 적들이 장차 물러가려고 하였다. 이에 군사를 내어 공격하여 그들을 패배시키고 북쪽으로 추격하여 바다 어구에 이르니 적들 중에 물에 빠져 죽은 사람이 반이 넘었다.

　462년(재위 5)에 왜병이 활개성을 습격해 깨뜨리고 1천 명을 사로잡아 갔다. 다음 해에는 삽량성(양산)에 침입하였으나 이기지 못하고 돌아갔다. 왕이 벌지와 덕지에게 명하여 군사를 거느리고 중도에 숨어서 기다리다가 공격하여 크게 물리쳤다. 왕은 왜인들이 자주 영토를 침입하므로 변경에 두 성을 쌓았고 전함을 수리하였다.

468년(재위 11) 봄에 고구려가 말갈과 함께 북쪽 실직성을 공격했다. 이에 그해 가을에 하슬라 사람으로 15세 이상 되는 장정을 징발하여 이하(강릉 남대천)에 성을 쌓았다.

이렇게 외적의 침입이 잦자 많은 성을 쌓고 수리했다. 470년에 삼년산성(충북 보은)을, 471년에는 모로성을 쌓고 473년에 명활성을 수리하였으며, 474년에 일모·사시·광석·답달·구례·좌라 등에 성을 쌓았다.

476년(재위 19)에도 왜병이 동쪽 변경에 침입하였다. 이에 왕이 장군 덕지에게 명해 공격하여 물리치고 2백여 명을 죽이거나 사로잡았다. 이듬해에도 왜병이 다섯 방면의 길로 침입해 왔지만 성과 없이 돌아갔다.

한편 469년에는 왕경의 동네와 마을 이름을 정하고 기존의 6부를 개편하여 행정단위를 분명하게 하였다. 그리고 474년(재위 17)에는 고구려의 장수왕이 직접 군사를 이끌고 백제를 공격하여 백제 왕자 문주가 구원을 청하러 오자 군사를 보냈다. 그러나 신라의 구원군이 도착했을 때는 이미 성이 함락되고 개로왕은 죽은 뒤였다.

479년(재위 22) 봄 2월에 왕이 세상을 떠났다.

소지마립간

백제와 혼인동맹을 맺고 고구려에 대항하다

소지炤知마립간은 비처마립간이라고도 하는데, 479년에 제21대
왕위에 올랐다. 자비마립간의 맏아들이고, 어머니는 김씨로 서불
한 미사흔의 딸이며, 왕비는 이벌찬 내숙의 딸로 선혜부인이다.
어려서부터 부모를 잘 섬기는 행실이 있었고, 겸손과 공손한 마음
으로 스스로를 지켰으므로 사람들이 모두 감복하였다.

재위기간 동안 고구려와 왜가 자주 침공하였고, 이에 대항하기
위해 백제와 가야 등과 힘을 합쳐 이를 격퇴했다. 그리고 자연재
해와 전쟁으로 피폐한 민생을 돌보기 위해 활발히 지방을 순행하
였다. 487년에 처음으로 사방에 우편역을 설치하여 해당 관청으
로 하여금 관용 도로를 수리하게 했으며, 490년(재위 12)에는 수
도에 시장을 열어 사방의 물자를 통하게 했다.

500년(재위 22) 11월에 왕이 세상을 떠났다.

지증마립간

나라 이름을 신라로 정하다

   지증智證마립간의 성은 김씨이고, 이름은 지대로 혹은 지도로, 지철로라고도 하였다. 내물왕의 증손으로 습보갈문왕의 아들이고, 소지왕의 재종동생이다. 어머니는 김씨 조생부인으로 눌지왕의 딸이고, 왕비는 박씨 연제부인으로 이찬 등흔의 딸이다. 왕은 체격이 매우 컸고 담력이 남보다 뛰어났다. 소지왕이 아들이 없이 세상을 떠나자 제22대 왕위에 올랐는데, 당시 나이는 64세였다.

   502년(재위 3)에 순장을 금지하는 명령을 내렸다. 3월에는 주와 군의 수령에게 명하여 농사를 권장케 하였고, 처음으로 소를 부려서 논밭을 갈았다.

   503년(재위 4)에 여러 신하들이 아뢰기를,

   "시조께서 나라를 세우신 이래 나라 이름을 정하지 않아 혹은 사라 혹은 사로 혹은 신라라고도 칭하였습니다. 신 등의 생각으로

덕업일신 망라사방

는 신新은 '덕업이 날로 새로워진다.'는 뜻이고, 라羅는 '사방을 망라한다.'는 뜻이므로 이를 나라 이름으로 삼는 것이 마땅하다고 여겨집니다. 또 살펴보건대 옛날부터 국가를 가진 이는 모두 제帝나 왕王을 칭하였는데, 우리 시조께서 나라를 세운 지 지금 22대에 이르기까지 호칭을 정하지 못하였으니, 이제 여러 신하들이 한마음으로 삼가 신라국왕이라는 칭호를 올립니다."

왕이 이에 따랐다.

그 다음 해에 상복에 관한 법을 제정하여 반포하고 시행하였고, 인부를 징발하여 파리·미실·진덕·골화 등지에 12성을 쌓았다.

505년(재위 6)에 왕이 몸소 나라 안의 주·군·현 등 행정구역을 정하였다. 또 실직주를 설치하고 이사부를 군주로 삼았는데,

군주의 명칭이 이
로부터 시작되었
다. 그리고 처음으
로 담당 관청에 명
하여 얼음을 저장
하게 하였다. 또 선
박을 이용하는 제
도를 정하였다.

석빙고

512년(재위 13) 6월에 우산국이 항복하여 해마다 토산물을 바쳤
다. 우산국은 명주의 정동쪽 바다에 있는 섬으로 혹은 울릉도라고
도 하였다.

514년(재위 15) 정월 아시촌에 소경小京을 설치하고, 6부와 남쪽
지방의 사람들을 옮겼다. 이해에 왕이 세상을 떠났다. 시호를 지
증이라고 하였는데, 신라에서 시호를 사용하는 법은 이로부터 시
작되었다.

법흥왕

율령을 반포하고 불교를 국교로 삼다

법흥왕法興王은 지증왕의 맏아들로 어머니는 연제부인이고 이름은 원종이다. 왕비는 박씨 보도부인이고 514년에 제23대 왕위에 올랐다. 왕은 키가 7자였고, 성품이 너그럽고 후하여 사람들을 사랑하였다.

517년(재위 4)에 처음으로 병부를 설치하여 군대의 제도를 개혁

이차돈 순교비

하였고, 520년(재위 7)에는 율령을 반포하여 처음으로 모든 관리의 공복을 붉은색, 자주색으로 위계를 정하였다. 528년(재위 15)에는 불교를 처음으로 시행하였고, 이차돈의 순교를 계기로 불교를 통치사상의 기반으로 삼았다. 또 그 다음 해에는 살생을 금지하는 명령을 내렸다.

531년(재위 18) 3월에 담당 관청에 명하여 제방을 수리하게 하고, 이찬 철부를 상대등으로 삼아 나라의 일을 총괄하게 하였다. 상대등의 관직은 이때 처음 생겼는데 지금의 재상과 같다.

532년(재위 19)에 금관국의 왕인 김구해가 왕비와 세 명의 아들 즉 큰아들인 노종, 둘째아들인 무덕, 막내아들인 무력을 데리고 나라의 창고에 있던 보물을 가지고 와서 항복하였다. 왕이 예로써 대접하고 상등의 벼슬을 주었으며, 본국을 식읍으로 삼게 하였다. 아들인 무력은 벼슬이 각간에 이르렀다.

536년(재위 23)에 처음으로 독자적인 연호를 만들어서 건원建元 원년이라고 하였다.

540년(재위 27) 7월에 왕이 세상을 떠났다. 시호를 법흥이라 하고, 애공사 북쪽의 산봉우리에 장사를 지냈다.

법흥왕릉

묵호자와 이차돈의 순교

528년(지증왕 15)에 신라에 불교를 처음으로 시행하였다. 처음에 눌지왕 때 승려 묵호자가 고구려로부터 신라의 일선군에 왔는데, 그 고을 사람인 모례가 자기 집 안에 굴을 파서 방을 만들어 있게 하였다. 그때 양나라에서 사신을 보내 의복과 향을 주었다. 왕과 신하들이 그 향의 이름과 사용 방법을 알지 못하였으므로 사람을 보내서 향을 가지고 다니며 두루 묻게 하였다. 묵호자가 이것을 보고 그 이름을 일컬으면서 다음과 같이 말하였다.

"이것을 태우면 향기가 나는데, 신성에게 정성을 도달하게 하는 것입니다. 이른바 신성스러운 것으로는 삼보보다 더한 것이 없는데, 첫째는 불타이고, 둘째는 달마이며, 셋째는 승가입니다. 만약 이것을 태우면서 소원을 빌면 반드시 영험이 있을 것입니다."

그 무렵에 공주의 병이 심하여 왕은 묵호자로 하여금 향을 피우고 소원을 말하게 하였는데, 공주의 병이 곧 나았다. 왕이 매우 기뻐하여 음식과 선물을 많이 주었다. 묵호자가 궁궐에서 나와 모례를 찾아보고 얻은 물건들을 그에게 주면서,

"나는 지금 갈 곳이 있어서 작별하고자 합니다."

라고 말하고 잠시 후에 간 곳을 알지 못하였다.

비처왕 때에 이르러 아도라고 하는 화상(수행을 많이 한 승려)이 시중을 드는 세 명과 함께 역시 모례의 집에 왔다. 아도의 모습이 묵호자와 비슷하였는데, 몇 년을 그곳에서 살다가 병이 없이 죽었다. 시중을 들던 세 명은 이곳에 머물러 살면서 경과 율을 강독하였는데,

가끔 믿고 받드는 사람이 있었다.

이때에 이르러 왕 또한 불교를 일으키려고 하였으나 여러 신하들이 믿지 않고 이런저런 불평을 많이 하였으므로 왕이 근심하였다. 왕의 가까운 신하인 이차돈이 왕께 아뢰었다.

"바라건대 하찮은 신의 목을 베어 여러 사람들의 논의를 진정시키십시오."

왕이 말하였다.

"본래 도를 일으키려고 하는데 죄가 없는 사람을 죽이는 것은 잘못이다."

"만약 도가 행해질 수 있다면 신은 죽어도 여한이 없습니다."
라고 이차돈이 대답하였다. 이에 왕이 여러 신하들을 불러 의견을 물었는데 모두 말하기를,

"지금 승려들을 보면 어린아이의 머리에 이상한 옷을 입었고, 말하는 논리가 기이하고 괴상하여 보통의 도가 아닙니다. 지금 만약 이것을 그대로 놓아두면 후회가 있을까 두렵습니다. 신 등은 비록 무거운 벌을 받더라도 감히 명을 받들지 못하겠습니다."

이차돈이 홀로 말하였다.

"지금 여러 신하들의 말은 옳지 않습니다. 비상非常한 사람이 있은 후에야 비상한 일이 있을 수 있습니다. 지금 들으니 불교가 심오하다고 하는데 믿지 않을 수 없습니다."

왕이 말하였다.

"여러 사람들의 말이 견고하여 이것을 깨뜨릴 수가 없는데, 너만 홀로 다른 말을 하니 양쪽을 모두 따르는 것은 가능하지 않다."

백률사 대웅전

드디어 이차돈을 관리에게 넘겨서 목을 베게 하였는데 이차돈이 죽음에 임하여 말하기를,

"나는 불법佛法을 위하여 형을 당하는데 부처님께서 만약 신령스러움이 있다면 나의 죽음에 반드시 이상한 일이 있을 것이다."

이차돈의 목을 베자 잘린 곳에서 피가 솟구쳤는데, 그 색이 우윳빛처럼 희었다. 여러 사람들이 괴이하게 여겨 다시는 불교를 헐뜯지 않았다.

이것은 김대문의 《계림잡전》의 기록에 의거하여 쓴 것인데, 한내마 김용행이 지은 아도화상비의 기록과는 약간 다르다.

진흥왕

신라의 영토를 한강 유역까지 넓힌 정복 군주

진흥왕眞興王의 성은 김씨이고 이름은 삼맥종이다. 법흥왕의 동생이며 지증왕의 아들인 입종갈문왕 구진과 법흥왕의 딸 식도부인의 아들이다. 법흥왕은 진흥왕의 큰아버지이자 외조부가 된다. 540년에 제24대 왕위에 올랐으나 왕이 어렸으므로 왕태후가 섭정하였다.

544년(재위 5)에 흥륜사를 창건하였다. 이듬해 이찬 이사부가 왕에게 건의했다.

"나라의 역사는 임금과 신하의 선악을 기록하여 포폄(칭찬과 나무람)을 만대에 보이는 것이니, 이것을 편찬하지 않으면 후대에 무엇을 보이겠습니까?"

이에 왕이 진실로 그렇다고 여겨서 대아찬 거칠부 등에게 명하여 나라의 역사책인《국사》를 편찬케 하였다.

551년(재위 12) 봄 정월에 연호를 개국開國으로 고쳤다. 3월에 왕이 순행하다가 낭성에 이르러서 우륵과 그의 제자 이문이 음악을 잘한다는 말을 듣고 그들을 특별히 불렀다. 왕이 하림궁에 머무르며 음악을 연주하게 하였는데, 두 사람이 각각 새로운 노래를 지어 연주하였다. 이보다 앞서 가야국의 가실왕이 12줄 현금을 만들었는데, 그것은 12달의 음률을 본뜬 것이다. 이에 우륵에게 명하여 곡을 만들게 하였는데, 나라가 어지러워지자 우륵은 악기를

우륵

고대 악기

가지고 신라에 귀의하였다. 그 악기의 이름은 가야금이다. 왕이 거칠부 등에게 명하여 고구려를 공격하여 승리의 기세를 잡아 10개의 군을 빼앗았다.

다음 해 왕은 계고 · 법지 · 만덕 세 명에게 명하여 우륵에게 음악을 배우도록 하였다. 우륵은 그들의 재능을 헤아려서 계고에게는 가야금을 가르쳤고, 법지에게는 노래를 가르쳤으며, 만덕에게는 춤을 가르쳤다.

553년(재위 14) 2월에 황룡사를 창건했다. 7월에 백제의 동북쪽 변두리를 빼앗아 신주를 설치하고 아찬 무력을 군주로 삼았다. 다음 해 백제 왕이 분하게 여

겨 가량을 이끌고 와서 관산성을 공격하였다. 신주의 군주인 김무력이 군사를 이끌고 나아가 교전하였는데, 비장인 삼년산군의 고간 도도가 급히 쳐서 백제 왕을 죽였다. 이에 모든 군사가 승리의 기세를 타고 크게 이겨서 좌평 네 명과 군사 2만 9천6백 명의 목을 베었고, 한 마리의 말도 돌아간 것이 없었다. 그 후에도 여러 차례 백제가 공격하였으나 모두 격파하였다.

진흥왕 때 영토 확장

562년(재위 23) 9월에 가야가 반란을 일으키자 왕이 이사부에게 명하여 토벌케 하였는데, 사다함이 부장이 되었다. 사다함은 5천 명의 기병을 이끌고 앞서 달려가 전단문에 들어가서 흰 깃발을 세우자 성 안의 사람들이 두려워서 어찌할 바를 몰랐다. 이사부가 군사를 이끌고 그곳에 다다르자 일시에 모두 항복하였다. 전공을 논할 때 사다함이 으뜸이었으므로 왕이 좋은 토지와 포로 2백 명을 상으로 주었으나 사다함이 세 번이나 사양하였다. 왕이 굳이 주므로 이에 받아서 포로는 풀어주어 평민이 되게 하고 토지는 군사들에게 나누어주었는데, 나라 사람들이 그것을 아름답게 여겼다. 또한 새로 개척한 땅에 순수비를 세웠는데, 지금까지 창녕·

북한산 진흥왕 순수비

황룡사지 발굴 조감도

황룡사지 유물

북한산·황초령·마운령 등 4개의 순수비가 전해진다.

574년(재위 35) 3월에 황룡사의 장육존상을 주조하였는데, 구리의 무게가 3만 5천7근이고 도금한 금의 무게가 1만 1백98푼이었다.

576년(재위 37) 봄에 원화 제도를 만들어 남모와 준정의 두 여인으로 하여금 3백여 명의 무리를 거느리게 했으나, 두 여인이 서로 시기하다 남모가 죽는 일이 발생하자 원화를 폐하고 화랑을 만들어 귀족의 자제 중에 뛰어난 남자를 뽑아 삼국통일의 원동력을 이루게 하였다. 이해 8월에 왕이 세상을 떠났다. 시호를 진흥이라 하고, 애공사의 북쪽 산봉우리에 장사를 지냈다. 왕은 어린 나이에 즉위하여 한결같은 마음으로 불교를 받들었다. 말년에는 머리를 깎고 승복을 입었으며, 스스로 법운이라고 칭하다가 죽었다. 왕비 또한 그것을 본받아 비구니가 되어 영흥사에서 머물다가 죽었는데, 나라 사람들이 예를 갖추어 장사를 지냈다.

진평왕

수당과 연합하여 고구려와 백제의 침입을 막다

진평왕眞平王은 진흥왕의 태자인 동륜의 아들로 이름은 백정이다. 어머니는 김씨 만호 또는 만내부인이라고도 하는데, 갈문왕 입종의 딸이다. 579년에 제26대 왕위에 올랐고, 왕비는 김씨 마야부인으로 갈문왕 복승의 딸이다. 왕은 태어날 때부터 기이한 용모였고, 신체가 장대하고 뜻이 깊고 굳세었으며, 지혜가 밝아서 사리에 통달하였다.

진평왕은 진흥왕에 이어 왕권을 강화시키고, 효율적인 통치를 위해 관제를 정비하였다. 579년(재위 1) 8월에 이찬 노리부를 상대등으로 삼아 국정을 맡기고, 이듬해에 이찬 후직을 병부령에 임명하여 군사권을 장악하게 했다.

581년(재위 3)에는 관리의 인사를 담당하는 위화부를 설치했다. 583년(재위 5) 정월에 선부서(선박 사무를 관장)를 설치하고 다음 해 3월에 조부령을 두어 조세를 관장하고 승부령을 두어 수레에 관한 일을 맡겼으며, 586년(재위 8)에는 예부령을 두었다.

588년(재위 10)에 노리부가 죽자 이찬 수을부를 상대등으로 삼았다. 591년에 영객부령을 두었다. 그 뒤 622년에는 궁정관부를 총괄하는 내성사신을 설치했으며 623년 병부에 대감 2명, 624년 시위부에 대감 6명을 두었다. 또한 불교 진흥에도 힘써 지명·원광·담육 등 중국에 가서 불교를 공부하고 돌아온 이들을 지원하여 불사뿐만 아니라 국사에도 참여하도록 해 호국불교의 확립에 기여했다.

남산 신성비

한편 재위기간 동안 고구려·백제와 치열하게 대치했었다. 때문에 591년(재위 13) 7월에 남산성을 쌓았는데, 둘레가 2천8백54보였다. 593년(재위 15) 7월에는 명활성을 고쳐서 쌓았는데 둘레가 3천 보였고, 서형산성은 둘레가 2천 보나 될

명활산성비

정도로 국력을 쏟아 영토방위에 심혈을 기울였다. 또 중국 수나라와 외교관계를 강화하여 수나라의 황제로부터 '상개부낙랑군공신라왕'으로 책봉받기도 했다.

602년(재위 24) 8월에는 백제가 아막성을 공격해 왔으므로 왕이 장수와 사졸로 하여금 맞서 싸우게 하여 크게 쳐부수었으나, 귀산과 추항이 전사하였다. 603년(재위 25) 8월에는 고구려가 북한산성에 침입하였으므로 왕이 몸소 군사 1만 명을 이끌고 막았다. 605년(재위 27) 8월에는 먼저 백제를 공격하기도 하였다.

608년(재위 30)에는 고구려가 자주 침략하는 것을 걱정하여, 왕이 수나라에 군사를 청해 고구려를 치려고 원광에게 걸사표를 짓게 하였다. 원광이 말하기를,

"자기 살기를 구하여 남을 멸하는 것은 승려로서의 행동이 아니나 저는 대왕의 땅에서 살고 대왕의 물과 풀을 먹고 있으니 감히 명을 따르지 않겠습니까?"

라며 글을 지어서 아뢰었다. 이 소식을 듣고 2월에 고구려가 북쪽의 변경을 침략하여 8천 명을 사로잡아 갔고, 4월에 우명산성을 빼앗았다. 611년(재위 33)에 왕이 다시 수나라에 사신을 보내어 표를 올려서 군사를 청하였는데, 수나라의 양제가 그것을 허락하였다. 그러나 수 양제의 고구려 원정은 실패로 끝나고 말았다.

이때부터 백제와의 전쟁도 격화되었다. 611년 10월에 백제군이 가잠성을 포위하여 1백 일이나 지속되었다. 현령인 찬덕이 굳게

지켰으나 힘이 다하여 죽고 성은 함락되었다. 616년(재위 38) 10월에는 백제가 모산성을 공격해 왔다. 618년(재위 40)에는 7년 전에 빼앗긴 가잠성을 되찾기 위해 군사를 일으켜서 백제와 싸웠다. 해론이 종군하여 적진에 나아가 힘을 다하여 싸우다가 죽었다.

623년(재위 45)에는 백제가 늑노현을 습격해 왔다. 다음 해 10월에 백제가 다시 쳐들어와 속함성, 기잠성, 혈책성을 함락시키고, 이를 막던 급찬 눌최가 전사하였다. 626년(재위 48) 8월에는 백제군이 주재성을 공격하였는데 성주 동소가 맞서 싸우다 전사하였다. 이에 왕은 고허성을 쌓아 방어하였다. 627년(재위 49) 7월에는 백제의 사걸이 쳐들어와 서쪽 변경의 두 성을 함락시키고 남녀 3백여 명을 잡아갔다. 다음 해도 가잠성을 포위, 공격하는 백제군을 물리쳤으나, 여름에 크게 가물어 백성들이 자녀들을 내다파는 일이 벌어질 정도로 궁핍해졌다.

이에 다급해진 신라는 수와 당에 자주 사신을 파견하여 구원을 요청하였고, 마침내 고구려가 당나라와 격돌하자 629년(재위 51) 8월에 대장군 김용춘, 김서현, 부장군 김유신을 파견해 고구려의 낭비성을 공격했다. 고구려인이 성을 나와 진을 벌려서 치니 군의 기세가 매우 왕성하여 우리 군사가 그것을 바라보고 두려워서 싸울 마음이 전혀 없었다. 이에 김유신이 신라군을 독려했다.

"내가 듣건대 '옷깃을 잡고 흔들면 가죽옷이 바로 펴지고 벼리를 끌어당기면 그물이 펼쳐진다.' 라고 했는데, 내가 벼리와 옷깃이 되어야겠다."

그리고 말을 타고 칼을 빼들고는 적진으로 향하여 곧바로 나아가 세 번 들어가고 세 번 나왔는데 매번 들어갈 때마다 장수의 목을 베고 혹은 깃발을 뽑았다. 여러 군사들이 승세를 타고 북을 치며 진격하여 5천여 명의 목을 베어 죽이니, 그 성이 항복하였다.

631년(재위 53)에 흰 개가 궁궐의 담장에 올라가는 이변이 생기더니 칠숙과 석품이 반란을 꾀하였는데, 왕이 사전에 반란을 알고 평정하였다. 다음 해 정월에 왕이 세상을 떠났다. 시호를 진평이라 하고 한지漢只에 장사를 지냈다.

김후직

죽어서도 간언을 올린 충신

　김후직金后稷은 지증왕의 증손이다. 김후직은 진평왕을 섬겨 이찬이 되었고 병부령의 임무를 맡았다.

　진평왕이 사냥을 매우 좋아해서 김후직이 간언을 올렸다.

　"옛날에 임금 된 자는 반드시 하루에도 만 가지 정사를 보살피는데 깊고 멀리 생각하고, 좌우에 있는 바른 선비들의 직간을 받아들여 부지런히 힘쓰고 부지런히 일하여, 감히 편안하게 즐기지를 않았습니다. 그러한 후에 덕스러운 정치가 깨끗하고 아름다워져 국가를 보전할 수가 있었습니다. 그런데 지금 전하께서는 날마다 미친 사냥꾼과 더불어 매와 개를 풀어 꿩과 토끼들을 쫓아 산과 들을 빨리 달리기를 스스로 그치시지 못합니다. 노자는 '말 달리며 사냥하는 것은 사람의 마음을 미치게 한다.'고 하였고,《서경》에는 '안으로 여색을 일삼든지 밖으로 사냥을 일삼든지, 이 중에 하나가 있어도 혹 망하지 아니함이 없다.'고 하였습니다. 이로써 그것을 보면, 안으로 마음을 방탕히 하면 밖으로는 나라가 망하게 되니 반성하지 않을 수 없습니다. 전하께서는 이를 생각하십시오."

　진평왕이 따르지 않았다. 또 김후직은 간절히 간언을 올렸으나, 진평왕은 듣지 않았다.

　후에 김후직이 병이 들어 죽으려 할 때, 그 세 아들에게 말했다.

　"내가 남의 신하가 되어 임금의 나쁜 행동을 바로잡아 구하지 못하였다. 아마도 대왕이 놀이를 그치지 않으면 패망에 이를 것이니, 이

것이 내가 근심하는 것이다. 비록 내가 죽더라도 반드시 임금을 깨우쳐주려는 생각이 있으니, 반드시 내 뼈를 대왕이 사냥 다니는 길 옆에 묻으라."

아들들이 모두 그의 말을 따랐다.

다른 날에 진평왕이 먼 길을 떠나 반쯤 갔을 때 멀리서 소리가 나는데, '가지 마시오!' 하는 것 같았다. 진평왕이 돌아보며 소리가 어디에서 나느냐고 물었다. 시종하던 사람이 아뢰기를,

"저것은 이찬 김후직의 무덤입니다."

라며 마침내 김후직이 죽을 때 한 말을 전하였다. 진평왕이 눈물을 흘리며 말했다.

"그대의 충성스러운 간함은 죽어서도 잊지 않았으니, 그대가 나를 사랑함이 깊구나. 만일 내가 끝내 고치지 않는다면 살아서나 죽어서나 무슨 낯이 있겠는가?"

그리고 마침내 종신토록 다시는 사냥을 하지 않았다.

선덕왕

최초의 여왕

선덕왕善德王은 진평왕의 맏딸로 이름은 덕만이고, 어머니는 김씨 마야부인이다. 632년에 진평왕이 아들이 없이 세상을 떠나자 나라 사람들이 덕만을 제27대 왕으로 세우고 성조황고의 칭호를 올렸다. 덕만은 성품이 너그럽고 어질며, 총명하고 민첩하였다. 선대 임금 때 당나라에서 가져온 모란꽃의 그림과 꽃씨를 덕만에게 보이자 덕만이 말하였다.

"이 꽃은 비록 아름답기는 하지만 틀림없이 향기가 없을 것입니다."

왕이 웃으면서 말했다.

"네가 그것을 어떻게 아느냐?"

"꽃을 그렸으나 나비가 없는 까닭에 그것을 알았습니다. 무릇 여자가 뛰어나게 아름다우면 남자들이 따르고, 꽃에 향기가 있으면 벌과 나비가 따르기 마련입니다. 이 꽃은 무척 아름다운데 그림에 벌과 나비가 없으니, 향기가 없는 꽃임에 틀림이 없습니다."

후에 그것을 심으니 과연 말한 바와 같았는데, 미리 알아보는 식견이 이와 같았다.

632년(재위 1)에 대신 을제에게 국정을 총괄하게 하고 전국에 사신을 보내어 백성들을 위로하고 구제했으며, 이듬해에는 죄수를 크게 사면하고, 국내의 모든 주군의 1년 조세를 면제하여 민심을 수습했다. 그러나 즉위 후로 빈번하게 백제와 고구려의 침략을 받았다. 636년(재위 5) 5월에 두꺼비가 궁궐 서쪽의 옥문지에 많이 모였다. 왕이 이를 듣고 좌우 신하에게 말했다.

"두꺼비는 성난 눈을 가지고 있으니 이는 병사의 모습이다. 내가 일찍이 들으니 서남쪽 변경에 옥문곡이라는 땅이 있다고 하니 혹시 이웃 나라의 군사가 그 안에 숨어 들어온 것은 아닐까?"

이에 장군 알천과 필탄에게 명하여 군사를 이끌고 가서 찾아보게 하였다. 과연 백제의 장군 우소가 독산성을 습격하려고 무장한 군사 5백 명을 이끌고 와서 그곳에 숨어 있었는데, 알천이 갑자기 쳐서 그들을 모두 죽였다.

642년(재위 11) 7월에 백제의 의자왕이 군사를 크게 일으켜서 나라 서쪽의 40여 성을 쳐서 빼앗았다. 8월에 백제가 또 고구려와 함께 모의하여 당항성을 빼앗아 당나라와 통하는 길을 끊으려고 하였으므로 왕이 사신을 보내서 당나라의 태종에게 위급함을 알렸다. 이 달에 백제의 장군 윤충이 군사를 이끌고 대야성(경남 합천)을 공격하여 함락시켰는데, 도독인 이찬 김품석과 사지 죽죽·용석 등이 장렬하게 전사했다. 이에 왕은 김유신을 압량주(경북 경산) 군주로 임명하여 방어했다. 또 김춘추가 직접 고구려에 군사를 청하러 갔으나 거절당했다.

644년(재위 13) 9월에 왕이 김유신을 대장군으로 삼아서 군사를 거느리고 백제를 쳐서 크게 이기고 7성을 빼앗았다. 다음 해에도 김유신이 백제를 치고 돌아와서 아직 왕을 뵙지도 않았는데, 백제의 대군이 또 변경을 노략질하였다. 왕이 명하여 막게 하였으므로 김유신은 마침내 집에 이르지도 못하고 가서 이를 공격하여 깨뜨리고 2천 명의 목을 베었다. 돌아와서 왕에게 복명(명령을 받고 일을 처리한 사람이 그 결과를 보고함)하고 아직 집에 돌아가지 못하였는데, 또 백제가 다시 침입해 왔다는 급한 보고가 있었다. 왕은 일이 급하다고 여기고 김유신에게 말했다.

"나라의 존망이 공의 한 몸에 달렸으니 수고로움을 꺼리지 말고 가서 이를 도모해 주시오."

김유신은 또 집에 돌아가지 못하고 밤낮으로 군사를 훈련하여 서쪽으로 가는 길에 자기 집의 문 앞을 지나게 되었다. 집안의 남녀 사람들이 멀리서 바라보며 눈물을

김유신장군 동상

흘렸으나 공은 돌아보지 않고 갔다. 이해 3월에 자장의 요청으로 황룡사탑을 창건하여 외환을 진정시키기 위해 빌었는데, 5월에 당 태종이 몸소 고구려를 정벌하였으므로 왕이 군사 3만 명을 내어 그를 도왔다. 그 사이에 백제가 신라의 서쪽 변경의 7성을 쳐서 빼앗았다.

647년(재위 17) 정월에 비담과 염종 등이 '여자 임금은 나라를 잘 다스릴 수 없다.'고 반역을 꾀하여 군사를 일으켰으나 성공하지 못하였다. 이달에 왕이 세상을 떠났다. 시호를 선덕이라 하고, 낭산에 장사 지냈다.

진덕왕

김유신과 김춘추 활약으로 위기 탈출

　진덕왕眞德王은 진평왕의 친동생인 국반갈문왕의 딸로, 이름은 승만이다. 어머니는 박씨 월명부인이고 647년에 제28대 왕위에 올랐다. 승만은 생김새가 풍만하고 아름다웠으며, 키가 7자였고 손을 내려뜨리면 무릎 아래까지 닿았다.

　즉위하던 해에 반란을 일으킨 비담 등 30명을 죽이고, 연호를 태화로 고쳤다. 그해 10월에 백제 군사가 무산·감물·동잠의 세 성을 에워쌌으므로 왕이 김유신에게 보병과 기병 1만 명을 내어 주며 막게 하였다. 그들은 고전하다가 기운이 다 빠졌는데 김유신의 부하 비령자와 그의 아들 거진이 적진에 들어가 급히 공격하다가 죽었다. 이에 무리들이 모두 분발하여 3천여 명의 목을 베었다.

　648년(재위 2) 3월에 백제 장군 의직이 서쪽 변경을 침입해 요차 등 11성을 함락시켰다. 왕이 이를 근심하여 압독주 도독으로 있던 김유신에게 공격하여 다시 되찾으라고 명했다. 김유신은 이에 병사들을 세 길로 나누어 공격하여 전멸시켰다.

고구려와 백제의 공격이 날로 격해지자 같은 해 이찬 김춘추와 그의 아들 문왕을 당나라에 보내 조공하고 구원을 요청했다. 당 태종이 광록경 유형을 보내서 교외에서 그를 맞이하여 위로하였다. 이윽고 궁성에 다다르자 김춘추의 용모가 영특하고 늠름함을 보고 후하게 대우하였다. 김춘추가 국학에 가서 석전과 강론 참관을 청하자 태종이 이를 허락하였다. 아울러 자기가 직접 지은 온탕비와 진사비, 그리고 새로 편찬한 《진서晉書》를 내려주었다.

어느 날 김춘추를 사사로이 불러 금과 비단을 매우 후하게 주고 물었다.

"경은 무슨 생각을 마음에 가지고 있는가?"

김춘추가 꿇어앉아서 아뢰었다.

"신의 나라는 바다 모퉁이에 치우쳐 있으면서도 천자의 조정을 섬긴 지 이미 여러 해가 되었습니다. 그런데 백제는 강하고 교활하여 여러 차례 침략을 마음대로 하였습니다. 더욱이 지난해에는 군사를 크게 일으켜서 깊숙이 쳐들어와 수십 개의 성을 함락시켜 조회할 길을 막았습니다. 만약 폐하께서 당나라의 군사를 빌려주어 흉악한 것을 잘라 없애지 않는다면 저의 나라 인민은 모두 사로잡히는 바가 될 것이고, 산 넘고 바다 건너 행하는 조공마저 다시는 바랄 수 없을 것입니다."

실성이사금
원한을 되갚으려다 시해되다

실성實聖이사금은 김알지의 후손으로 이찬 대서지의 아들이다.
어머니는 이리부인으로 아간 석등보의 딸이고, 왕비는 미추왕의
딸이다. 실성은 키가 7척 5촌이고 두뇌가 명철하고 사리에 통달해
서 멀리 내다보는 식견이 있었다. 고구려에 볼모로 갔다가 401년
에 돌아와서 이듬해 내물왕이 죽고 그 아들이 어려서 나라 사람들
이 실성을 세워 왕위를 잇도록 하였다.

402년 즉위한 뒤 그는 내물왕이 자신을 고구려에 볼모로 보냈
던 것을 원망해 내물왕의 아들 미사흔을 왜국에, 412년(재위 11)
에는 내물왕의 아들 복호를 고구려에 볼모로 보냈다. 그러나 왜국
과의 관계는 개선되지 않아 405년(재위 4) 4월에 왜병이 서명활성
을 공격하다가 이기지 못하고 돌아갈 때, 왕이 기병을 이끌고 독
산(포항 북구 신광면 일대)의 남쪽 길목에서 기다리고 있다가 두 번

태종이 매우 옳다고 여겨서 군사의 출동을 허락하였다. 김춘추는 또 장복(벼슬아치들의 관복)을 고쳐서 중국의 제도에 따를 것을 청하자 이에 내전에서 진귀한 옷을 꺼내어 김춘추와 그를 따라온 사람에게 주었다. 조칙으로 김춘추에게 관작을 주어 특진으로 삼고, 문왕을 좌무위장군으로 삼았다.

본국으로 돌아올 때 3품 이상에게 명하여 송별잔치를 열게 하여 우대하는 예를 극진히 하였다. 김춘추가 아뢰어 말했다.

"신에게 일곱 아들이 있습니다. 바라건대 고명하신 폐하의 옆을 떠나지 않고 숙위宿衛(황제를 호위한다는 명목으로 속국의 왕족들이 볼모로 가서 머물던 일)할 수 있도록 해주십시오."

그러자 그의 아들 문왕에게 머물면서 숙위할 것을 명하였다. 김춘추가 돌아오는 길에 바다 위에서 고구려의 순라병을 만났다. 김춘추를 따라간 온군해가 높은 사람이 쓰는 모자와 존귀한 사람이 입는 옷을 입고 배 위에 앉아 있었는데, 순라병이 그를 김춘추로 여기고 잡아 죽였다. 김춘추는 작은 배를 타고 본국에 이르렀다. 왕이 이를 듣고 슬퍼하여 온군해를 대아찬으로 추증하고, 그 자손에게 후한 상을 주었다.

649년(재위 3) 정월에 비로소 중국의 의관을 착용하였다. 8월에 백제의 장군 은상이 무리를 거느리고 와서 석토성 등 7성을 공격하여 함락시켰다. 왕이 대장군 김유신과 장군 진춘·죽지·천존 등에게 명하여 나아가 막게 하였다. 이곳저곳으로 이동하며 10여

일 동안 싸웠으나 해결이 나지 않았으므로 도살성 아래에 나아가 주둔하였다. 김유신이 여러 사람들에게 말했다.

"오늘 틀림없이 백제인들이 와서 염탐할 것이다. 너희들은 짐짓 모르는 척하고 함부로 검문하지 말라!"

그리고는 사람을 시켜서 군영 안을 돌아다니면서 말했다.

"방어벽을 견고히 하고 움직이지 말라! 내일 응원군이 오는 것을 기다려서 그 후에 싸움을 결판내겠다."

백제의 첩자가 이를 듣고 돌아가서 은상에게 보고하자 은상 등은 군사가 증원될 것이라고 여겨 두려워하지 않을 수 없었다. 이에 김유신 등이 진격하여 크게 이기고 장사 1백 명을 죽이거나 사로잡고 군졸 8천9백80명의 목을 베었으며, 전마戰馬 1만 필을 획득하였고, 병기와 같은 것은 이루 헤아릴 수가 없었다.

이듬해 4월에 왕이 명을 내려서 진골로서 관직에 있는 사람은 아홀(관등이 제일 높은 벼슬아치가 가지던 무소의 뿔이나 상아로 만든 홀)을 갖게 하였다. 6월에 당나라에 사신을 보내 백제의 무리를 깨뜨린 사실을 알렸다. 왕이 비단을 짜고 〈오언태평송〉을 지어 김춘추의 아들인 법민을 보내 당나라의 황제에게 바쳤다. 당나라 고종이 가상하게 여기고 법민을 태부경으로 삼아서 돌려보냈다. 이해에 처음으로 중국의 영휘라는 연호를 사용하였다.

650년(재위 5) 정월 초하루에 왕이 조원전에 나아가서 백관으로부터 새해 축하인사를 받았다. 새해를 축하하는 예식은 이때부터 시작되었다. 파진찬 김인문을 당나라에 보내 조공하고 머무르며 숙위하게 하였다.

654년 3월에 왕이 세상을 떠났다. 시호를 진덕이라 하고 사량부에 장사를 지냈다. 나라 사람들은 시조 혁거세부터 진덕왕까지의 28왕을 일컬어 성골이라 하고, 무열왕부터 마지막 왕까지를 일컬어 진골이라고 하였다.

설씨녀
약속을 끝까지 지킨 지순한 여인

설씨녀薛氏女는 경주 율리의 일반 백성집 딸이다. 비록 지체가 낮은 가문이었으나 얼굴빛이 단정하고, 뜻과 행실이 닦여지고 가지런하였다. 보는 사람들은 아름다움에 감탄하지 않음이 없었으나 감히 가까이 하지 못하였다.

진평왕 때에 그 아버지는 나이가 많았으나 정곡에 외적을 막으러 갈 순서가 되었다. 딸은 아버지가 늙어 병들었으므로 차마 멀리 헤어질 수 없었고, 또 여자의 몸이라서 대신 갈 수도 없음을 안타까워하면서 다만 스스로 근심하고 괴로워할 뿐이었다.

사량부 소년 가실은 비록 매우 가난하였으나 자기 뜻을 이루기 위해 노력하는 지조가 곧은 남자였다. 일찍부터 설씨를 좋아하였으나 감히 말하지 못하였는데, 설씨의 아버지가 늙은 나이에 전쟁터에 나가야 함을 걱정한다는 소식을 듣고 드디어 설씨에게 가서 말하였다.

"저는 비록 나약한 사람이지만 일찍부터 뜻과 기개를 자부하여 왔습니다. 이 몸이 아버님의 군역을 대신하기를 원합니다."

설씨가 대단히 기뻐하여 들어가 아버지에게 아뢰었다. 아버지가 가실을 불러서 보고 말하였다.

"듣건대 그대가 이 늙은이를 대신하고자 한다고 하니 기쁘면서도 두려움을 금할 수 없네. 보답할 바를 생각하여 보니, 만약 그대가 우리 딸이 어리석고 못생겼다고 버리지 않는다면 어린 딸을 주어 수발을 받들도록 하겠네."

가실이 두 번 절하고 말하였다.

"감히 바랄 수 없었는데 이는 저의 소원입니다."

가실이 물러가 설씨에게 혼인할 날을 물으니 그녀가 말하였다.

"혼인은 인간의 중요한 도리이므로 갑작스럽게 할 수는 없습니다. 제가 이미 마음으로 허락하였으니 죽어도 변함이 없을 것입니다. 바라건대 당신께서 변방 지키는 일을 교대하고 돌아오시면 그런 후에 날을 잡아 혼례를 올려도 늦지 않을 것입니다."

이에 거울을 반으로 나누어 각각 한 쪽씩 갖고는 그녀가 말하였다.

"이는 신표로 삼는 것이니 후일 그것을 합쳐봅시다."

가실이 말 한 필을 갖고 있었는데 설씨에게 말하였다.

"이는 천하의 좋은 말이니 후에 반드시 쓰임이 있을 것입니다. 지금 제가 떠나니 기를 사람이 없습니다. 이를 두고 쓰십시오."

드디어 물러나 떠났다. 때마침 나라에 변고가 있어 다른 사람으로 교대하지 못하여 6년을 머물고도 돌아오지 못하자 아버지가 딸에게 말하였다.

"처음에 3년 기약을 하였는데 지금 이미 지났구나. 다른 집안에 시집을 가는 것이 좋겠다."

설씨가 말하였다.

"지난번에 가실이 아버지를 편안히 하여 드렸고, 그러므로 굳게 가실과 약속하였습니다. 가실은 이를 믿었고 전쟁터에 나가 몇 년이 되었습니다. 굶주림과 추위에 괴롭고 고생이 심할 것이고, 하물며 적지에 가까이 있어 손에서 무기를 놓지 못하고, 호랑이 입에 가까이 있는 것 같아 항상 물릴까 걱정할 것인데, 신의를 버리고 약속을 지키지 않는다면 어찌 사람의 마음이겠습니까? 아무래도 아버지의 명을 좇을 수 없으니 다시는 말을 하지 마십시오."

　그 아버지는 늙어서 정신이 없었고, 그 딸이 장성하였는데도 짝이 없었으므로 억지로 그녀를 시집보내려고 몰래 동네 사람과 혼인을 약속하였다. 정한 날이 되자 그 사람을 불러들였으나 설씨는 굳게 거절하였다. 몰래 도망을 치려고 하였으나 뜻을 이루지 못하고, 마구간에 가서 가실이 남겨두고 간 말을 보면서 크게 탄식하며 눈물을 흘렸다.

　이때에 가실이 돌아왔다. 몸과 뼈가 야위어서 파리하였고 옷이 남루하여 가족들도 알아보지 못하고 다른 사람이라고 여겼다. 가실이 곧바로 앞에 와서 깨진 거울을 던지니 설씨가 그것을 주워들고 큰 소리로 울었다. 아버지와 가족들은 좋아하고 기뻐하였다. 드디어 다른 날을 약속하여 서로 만나 그와 더불어 해로하였다.

신라의 전성기-삼국통일

　　고구려와 백제의 협공으로 고립된 신라는 무열왕과 문무왕
대에 이르러 당나라와 연합으로 마침내 백제와 고구려를 멸망
시켰다. 또 한반도에 야욕을 드러낸 당나라까지 무력으로 몰아
내고 완전한 통일의 대업을 완성하였다. 통일 후, 신라는 넓어
진 영토를 효율적으로 다스리기 위한 여러 제도를 재정비하고
활발한 대외교류를 통해 선진문화를 받아들였다. 또 해상무역도
번성하여 경제력이 더욱 확충되었으며 이를 바탕으로 찬란한
문화를 일구게 되었다.

태종무열왕

백제를 멸망시키고 삼국통일의 기반을 만들다

태종무열왕 영정

태종무열왕太宗武烈王은 진지왕의 아들인 이찬 용춘의 아들로 이름은 춘추이다. 어머니 천명부인은 진평왕의 딸이고, 왕비 문명부인은 각찬 김서현의 딸이다. 왕은 용모가 영특하고 늠름하여 어려서부터 세상을 다스릴 뜻이 있었다. 진덕왕을 섬겨서 지위는 이찬을 역임하였고, 당 황제에게 특진의 관작을 받았다. 진덕왕이 세상을 떠나자 여러 신하들이 이찬 알천에게 섭정을 요청하였으나 알천이 사양하며 말했다.

"저는 늙고 이렇다 할 덕행이 없습니다. 지금 덕망이 높기는 춘추공만한 이가 없는데, 실로 세상을 다스릴 뛰어난 인물이라고 할 만합니다."

마침내 그를 받들어 왕으로 삼으려고 하였는데, 김춘추는 세 번을 사양하다가 마지못하여 654년에 제29대 왕위에 올랐다.

즉위하던 해에 왕은 아버지를 문흥대왕으로 추봉하고, 어머니를 문정태후로 삼아 왕권의 정통성을 확립했다. 또 당나라에 즉위를 알리는 사신을 파견하고, 당 고종으로부터 '개부의동삼사신라왕'의 책봉을 받았다. 그리고 이방부령 양수에게 명하여 율령을 발표하게 하고, 지방행정에 관련된 조항인 이방부격 60여 조를 제정하고, 지방관을 중앙에서 직접 파견하는 등 왕권을 강화하였다.

655년(재위 2)에 고구려가 백제와 말갈과 더불어 군사를 연합하여 신라의 북쪽 변경을 침략하여 33성을 탈취하였다. 다급해진 왕은 당나라에 사신을 보내 구원을 요청하는데, 당나라는 영주도독 정명진과 좌우위중랑장 소정방을 보내서 고구려를 쳤다.

같은 해에 맏아들 법민을 태자로 삼고, 나머지 여러 아들 중에서 문왕을 이찬으로, 노차를 해찬으로, 인태를 각찬으로, 지경과 개원을 각각 이찬으로 삼아 왕권의 안정을 꾀했다. 이듬해에는 당나라에 파견되었다가 귀국한 차남 김인문을 군주軍主로, 658년(재위 5)에 다시 당나라에서 귀국한 셋째아들 문왕을 집사부 중시로 임명하는 등 친족을 중심으로 지배체계를 만들었다. 또 660년(재위 7)에는 자신을 적극적으로 지지하는 김유신을 상대등으로 임명하여 왕권을 안정시켰다. 또 당나라와 연합하여 전면적인 백제 정벌을 시작하였다.

이해 3월, 당 고종은 소정방과 유백영에게 수륙군 13만 명을 거느리고 백제를 치게 했다. 기벌포로 상륙한 당나라군이 백제로 진군할 때, 무열왕도 김유신에

황산벌 전투도

게 5만 명의 장병을 이끌고 이를 지원하였다. 7월에 김유신이 황산벌에 진군했는데, 백제의 장군 계백이 군사를 거느리고 와서 먼저 험한 곳을 차지하여 세 군데에 진영을 설치하고 기다리고 있었다. 김유신 등은 군사를 세 길로 나누어 네 번을 싸웠으나 전세가 불리하고 병졸들은 힘이 다 빠지게 되었다. 이때 장군 흠순이 아들 반굴에게 말했다.

"신하된 자로서는 충성만한 것이 없고 자식으로서는 효도만한 것이 없다. 이런 위급함을 보고 목숨을 바치면 충과 효 두 가지 모두를 갖추게 된다."

반굴이 곧장 적진으로 뛰어들어 힘껏 싸우다가 죽었다. 이에 고무된 좌장군 품일이 아들 관창을 불러서 말 앞에 세우고 여러 장수들을 가리키며 말했다.

"내 아들은 나이가 겨우 열여섯이나 의지와 기백이 자못 용감하니, 오늘의 싸움에서 능히 전군의 모범이 되어라!"

관창이 '예!' 라 하고는 갑옷을 입힌 말을 타고 창 한 자루를 가지고 쏜살같이 적진으로 달려갔다가 적에게 사로잡혀서 산 채로 계백에게 끌려갔다. 계백이 투구를 벗기게 하였는데, 그의 나이가 어리고 용감함을 아껴서 차마 해치지 못하고 탄식했다.

"신라에게 대적할 수 없겠구나. 소년도 이와 같은데 하물며 장정들이야 오죽하랴!"

계백은 관창을 살려서 보내도록 하였다. 관창이 돌아와서 아버지에게 말했다.

"제가 적진 속으로 들어가 장수를 베지도 못하고 깃발을 뽑아오지도 못한 것은 죽음이 두려워서가 아닙니다."

말을 마치자 곧 손으로 우물물을 떠서 마시고 다시 적진으로 가서 날쌔게 싸웠는데, 계백이 사로잡아 머리를 베어 말안장에 매달아서 보냈다. 품일이 그 머리를 붙잡고 흐르는 피에 옷소매를 적시며 말했다.

"내 아이의 얼굴이 살아 있는 것 같구나! 왕을 위하여 죽을 수 있었으니 다행이다."

전군이 이 광경을 보고 분에 받쳐서 모두 죽을 마음을 먹고 북을 치고 고함을 지르며 진격하자 백제의 무리가 크게 패하였다. 계백은 죽고 좌평 충상과 상영 등 20여 명은 사로잡혔다.

이날에 소정방은 부총관 김인문 등과 함께 기벌포에 도착하여 백제의 군사를 맞아 싸워서 크게 깨뜨렸다. 김유신 등이 당나라 군대의 진영에 이르자 소정방은 김유신 등이 약속한 기일보다 늦었다고 하여, 신라의 독군인 김문영을 군문에서 목을 베려고 하였다. 김유신이 소정방에게 말했다.

"대장군이 황산에서의 싸움을 보지도 않고 약속한 날짜에 늦은 것만을 가지고 죄를 삼으려고 하는데, 나는 죄가 없이 모욕을 받을 수 없다. 반드시 먼저 당나라 군사와 결전을 한 후에 백제를 깨뜨리겠다."

이에 큰 도끼를 잡고 군문에 섰는데, 그의 성난 머리털이 곧추서고 허리에 찬 보검이 저절로 칼집에서 튀어나왔다. 놀란 소정방은 김문영의 죄를 문제 삼지 않고 풀어주었다.

12일에 당나라와 신라의 군사들이 의자왕의 도성을 에워싸기 위하여 소부리 벌판으로 나갔다. 소정방이 꺼리는 바가 있어서 전진하지 않았으므로 김유신이 그를 달래서 두 나라의 군사가 용감하게 네 길로 나란히 진격하였다.

마침내 다음날 의자왕이 좌우의 측근을 데리고 밤을 타서 도망하여 웅진성에 몸을 보전하고, 의자왕의 아들인 융이 대좌평 천복 등과 함께 나와서 항복하였다. 법민이 융을 말 앞에 꿇어앉히고 얼굴에 침을 뱉으며 꾸짖어 말했다.

"예전에 너의 아비가 나의 누이를 억울하게 죽여서 옥중에 묻은 적이 있다. 그 일은 나로 하여금 20년 동안 마음이 아프고 골치를 앓게 하였는데, 오늘 너의 목숨은 내 손아귀에 있구나!"

융은 땅에 엎드려서 말이 없었다. 18일에 의자왕이 태자와 웅진 방령의 군사 등을 거느리고 웅진성으로부터 와서 항복하였다. 왕이 의자왕의 항복 소식을 듣고 29일에 금돌성으로부터 소부리성에 이르러 제감 천복을 당나라에 보내 전투에서 승리했음을 알렸다.

8월 2일에 주연을 크게 베풀고 장병들을 위로하였다. 왕과 소정방 및 여러 장수들은 대청마루 위에 앉고, 의자왕과 그 아들 융은 마루 아래에 앉혀서 때로 의자왕으로 하여금 술을 따르게 하니, 백제의 좌평 등 여러 신하들이 목이 메어 울지 않는 이가 없었다.

이날 모척을 붙잡아서 목을 베었다. 모척은 본래 신라 사람으로서 백제로 도망한 자인데, 대야성의 검일과 함께 도모하여 성이 함락되도록 하였기 때문에 목을 벤 것이다. 또 검일을 잡아서 죄목을 세면서 말했다.

"네가 대야성에서 모척과 모의하여 백제의 군사를 끌어들이고 창고에 불을 질러서 없앴기 때문에 온 성안에 식량을 모자라게 하여 싸움에 지도록 하였으니 그 죄가 하나이고, 김품석 부부를 윽박질러서 죽였으니 그 죄가 둘이고, 백제와 더불어서 본국을 공격하였으니 그것이 세 번째 죄이다."

그리고 이내 사지를 찢어서 그 시체를 강물에 던졌다.

항복하지 않은 백제의 병사들이 남잠성과 정현성에서 항거했다. 또 좌평 정무가 무리를 모아서 두시원악에 진을 치고 당나라와 신라 사람들을 노략질하였다. 26일에 임존의 큰 목책을 공격하였으나 군사가 많고 지세가 험하여 이기지 못하고 다만 작은 목책만을 쳐서 깨뜨렸다. 9월 3일에 낭장 유인원이 군사 1만 명으로 사비성에 남아서 지켰는데, 왕자 인태가 사찬 일원과 급찬 길나와 함께 군사 7천 명으로써 그를 도왔다.

소정방은 백제의 왕 및 왕족과 신료 93명과 백성 1만 2천 명을 데리고 당나라로 돌아갔다. 김인문과 사찬 유돈, 대나마 중지 등이 함께 갔다. 23일에 백제의 남은 적병이 사비성에 들어와서 항복한 사람들을 붙잡아가려고 하였으므로, 남아서 지키던 유인원이 당나라와 신라 사람들을 내어 이를 쳐서 쫓았다. 적병이 물러가서 사비성의 남쪽 산마루에 올라 네댓 군데에 목책을 세우고 진을 치고 모여서 틈을 엿보아가며 성읍을 노략질하였는데, 백제 사람들 중에서 배반하여 이에 호응한 것이 20여 성이나 되었다.

당나라의 황제가 좌위중랑장 왕문도를 보내서 웅진도독으로 삼았다. 10월 9일에 왕이 태자와 여러 군사들을 이끌고 이례성(논산 일대)을 공격하여 백제 20여 성의 항복을 받았고 사비 남쪽의 산마루에 있던 백제군을 쳐서 1천5백 명의 목을 베었다. 왕이 백제에서 돌아와서 싸움에서의 공을 논하였는데, 계금졸 선복을 급찬으로 삼고, 군사 두질을 고간으로 삼았으며, 전사한 유사지 · 미지활 · 보홍이 · 설유 등 네 사람에게 관작을 차등 있게 주었다. 백제 사람들도 모두 그 재능을 헤아려서 임용하였다. 이후 백제 지역에서는 백제 부흥군과 신라 · 당군의 전쟁이 계속 이어졌으며, 무열왕은 백제 멸망 이후 백제 지역을 경영하기 위해 압독주를 설치하였다.

한편 고구려는 신라가 백제를 정벌하는 틈을 타 660년 11월에 칠중성을 공격해서 군주 필부를 전사시키기도 하였다. 또 661년에도 고구려가 말갈과 함께 북한산성을 공격하였으나 동타천이 이를 막았다.

661년 6월에 왕이 세상을 떠났다. 시호를 무열이라 하고, 영경사의 북쪽에 장사를 지냈으며, 묘호를 올려서 태종이라고 하였다.

문무왕

고구려를 멸망시키고 당나라 군사를 몰아내다

문무왕文武王은 태종무열왕의 맏아들로 이름은 법민이다. 어머니는 김씨 문명왕후로, 소판 서현의 막내딸이며 유신의 누이동생이다. 법민은 평소에 맵시가 영특하고 총명하며 지략이 많았다.

진덕왕 때 당나라에 가 있기도 했으며, 태종무열왕 때 파진찬으로 병부령이 된 뒤 곧 태자로 봉해졌다. 660년에 태종이 당나라 장수 소정방과 함께 백제를 평정할 때 법민이 종군하여 큰 공을 세웠다. 661년에 제30대 왕위에 올랐다.

즉위 전에 백제는 멸망했지만 도처에서 백제 부흥군이 일어났다. 때문에 즉위한 후에도 직접 종군하면서 여러 성을 근거로 활동하던 백제 저항군을 진압했다. 663년에는 백제의 옛 장수인 복신과 승려 도침이 일본에 있던 옛 왕자인 부여풍을 맞아 세우고, 웅진성에서 머무르고 있었던 낭장 유인원을 포위하였다. 이에 당나라 황제가 유인궤에게 검교 대방주자사로 삼은 조칙을 내려 이전의 도독을 맡았던 왕문도의 무리와 신라 군사를 이끌고 백제의 군영으로 향하게 하였다. 싸울 때마다 진영을 허물어 향하는 곳마다 앞을 가로막음이 없었다. 복신 등이 유인원의 포위를 풀고 물러나 임존성을 지켰다. 얼마 후에 복신이 도침을 죽이고 그 무리를 합쳤으며, 배반하고 도망한 자들도 불러서 세력이 자못 늘어났다. 인궤는 유인원과 함께 합쳐서 잠시 갑옷을 풀고 군사를 쉬게 하면서 바로 군사의 증원을 요청하였다.

당 황제가 조칙을 우위위장군 손인사에게 보내 병사 40만 명을 거느리고 덕물도에 이르렀다가 웅진부성으로 나아가도록 하였다. 왕은 김유신 등 28명의 장군을 이끌고 그들과 함께하여 두릉 윤성과 주류성 등 여러 성을 쳐서 모두 항복시켰다. 부여풍은 몸을 빼어 달아나고 왕자 충승과 충지 등은 그 무리를 이끌고 와서 항복하였고, 끝까지 임존성을 지키고 있었던 지수신도 함락시켜 백제 부흥군의 활동을 종식시켰다.

한편 문무왕은 고구려에 대한 공격에 박차를 가해, 즉위하던 해에 당나라가 소정방으로 하여금 고구려를 침공하자 김유신을 위시하여 김인문, 진주, 흠돌 등의 장군을 이끌고 호응하도록 하였다. 그러나 고구려의 굳센 저항으로 당나라 군대가 고전을 면치 못하고 보급품이 떨어지자 이듬해에는 당나라 군대에게 수레 2천여 대에 쌀 4천 섬과 조 2만 2천여 섬을 싣고 당의 군량미를 보급해 주었다. 소정방은 군량을 얻자 곧 전투를 그치고 돌아갔다. 이에 신라군도 역시 군사를 돌려 과천을 건넜다. 이때 고구려 군사가 추격하여 오자 군사를 돌려 맞싸웠는데, 1만여 명의 목을 베고 소형 아달혜 등을 사로잡았으며 병기 1만여 점을 획득하였다.

664년(재위 4) 7월에 왕이 장군 인문, 품일, 군관, 문영 등에게 일선주와 한산주 두 주의 군사와 함께 웅진부성의 병사와 말을 이끌고 고구려의 돌사성을 공격하도록 명령하여 성을 점령하였다.

666년(재위 6)에 왕은 고구려를 공격하기 위해 다시 당나라에 원군을 요청하였다. 12월에 당나라는 이적을 요동도행군대총관으로 삼고 학처준을 부장으로 삼아 고구려를 쳤다. 고구려의 신하인 연정토가 12성, 7백63호, 3천5백43명을 이끌고 와서 항복하였다. 왕은 연정토와 부하 24명에게 의복과 식량, 집 등을 주고 서울 및 주, 부에 두었으며, 8개의 성은 상태가 완전하였으므로 모두 군사를 보내 지키게 하였다.

667년(재위 7)에 이세적이 이끈 당나라 군대와 함께 평양성을 공격하기 위해 대각간 김유신 등 30명의 장군을 이끌고 장새까지 북상했으나 이세적이 철수했다는 소식을 듣고 돌아왔다.

668년(재위 8)에 당나라군이 평양성을 포위 공격했고, 6월에 문무왕도 한성주(경기 광주)에 머물면서 군사를 파견했다. 마침내 고구려왕은 먼저 연남산 등을 보내 이세적에게 항복을 요청하였다. 이에 이세적은 보장왕과 왕자 복남, 덕남, 대신 등 20여만 명을 이끌고 당나라로 돌아갔다.

고구려 멸망 후 당은 그 땅을 직접 지배하려 했으나 고구려 부흥군의 활발한 활동으로 지배가 사실상 불가능했다. 고구려 저항군 중 특히 평양을 중심으로 한 검모잠의 활동이 두드러졌는데, 검모잠은 한성(황해 재령)으로 남하해 보장왕의 서자 안승을 왕으로 삼고 저항을 계속했다. 그러나 결국 안승이 검모잠을 죽이고 신라에 투항하자, 문무왕은 안승을 금마저(전북 익산)에 안치시키고 670년(재위 10)에 그를 고구려 왕으로 봉했다. 이는 고구려 저항 세력을 원조함으로써 당군 및 당군과 연결된 백제를 견제하려는 의도에서 나온 것이었다. 이해 사찬 설오유는 고구려의 고연무와 함께 각각 1만 명의 군사를 이끌고 압록강 이북을 공격하기도 했다. 그리고 훗날 백제의 옛 땅에 대한 지배가 안정되자 문무왕은 안승을 다시 보덕왕으로 봉했다.

한편 670년에 백제 옛 땅의 63성을 공격·점령하고 그곳 주민을 신라 땅으로 옮기는 등 백제 옛 땅에 대한 공략을 계속, 당군과 충돌을 빚기 시작해 671년(재위 11)에는 장군 죽지 등이 석성 전투에서 5천3백 명의 목을 베고, 백제의 장군 두 명과 당나라의 과의果毅 6명을 포로로 잡는 전과를 올렸다. 당시 설인귀가 신라를 나무라는 글을 보내자, 문무왕은 당이 옛날 태종무열왕에게 고구려를 멸망시킨 뒤 평양 이남의 땅을 신라에 주기로 한 약속을 상기시키며 그 행동의 정당성을 주장했다. 문무왕은 군사적으로 당군과 싸우면서, 한편으로는 사신을 보내 무마하는 양면정책을 구사했다. 그리고 이해에 당나라 조운선 70여 척을 쳐서 낭장 겸이대후와 병사 1백여 명을 사로잡았으며, 물에 빠져서 죽은 사람은 가히 셀 수가 없었다. 또한 사비성을 함락시켜 소부리주를 설치하고 진왕을 도독으로 삼았다. 이로써 신라는 백제 옛 땅에 대해 완전한 지배권을 확보했다.

이 시기를 전후로 신라는 당나라군과의 전투가 치열해졌고, 672년(재위 12) 이후에 당은 대군을 동원해 본격적인 침략을 개시했다. 673년에 문무왕은 이에 대비해 구 신라 영역에 다수의 성을 쌓게 하고, 대아찬 철천 등을 보내 병선 1백 척을 거느리고 서해를 지키게 하는 한편, 백제 멸망 후에 폐지했던 수병제를 부활시켰다. 한편 신라인으로서 당과 내통한 자에 대한 처벌도 과감히 수행했다. 즉 한성주총관 수세, 한성도독 박도유, 아찬 대토 등을 처형한 것이 그것으로, 이는 비상체제 아래에서 강화된 왕권을 배경으로 가능했다.

674년(재위 14)에는 왕이 고구려의 배반한 무리를 받아들이고 또한 백제의 옛 땅에 살면서 사람을 시켜 지키게 하자, 당나라 고종이 크게 화를 내어 조서로 왕의 관작을 깎아 없앴다. 그리고 왕의 동생인 김인문을 신라의 왕으로 세우고 귀국하게 하는 한편, 대규모로 신라를 공격했다.

신라와 당나라의 전쟁은 675년(재위 15)에 절정에 이르렀다. 이해 당나라 군사가 거란과 말갈 군사와 함께 쳐들어온다는 말을 듣고 아홉 부대의 병사를 내보내 막게 하였다. 9월에 설인귀가 풍훈을 향도로 삼아 천성을 쳐들어왔다. 신라 장군인 문훈 등이 맞서 싸워 이겼는데, 1천4백 명의 목을 베고 병선 40척을 빼앗았으며, 설인귀가 포위를 풀고 도망가자 전투마 1천 필도 얻었다. 29일에 이근행이 군사 20만 명을 이끌고 매초성에 진을 쳤다. 우리 군사가 공격하여 도망가게 하고는 전마 3만 3백80필을 얻었으며 남겨놓은 병기도 이에 맞먹었다. 신라 군사가 당나라 군사와 크고 작은 18번의 싸움을 벌여 모두 이겼는데, 6천47명의 목을 베었고 말 2백 필을 얻었다.

676년(재위 16)에 당나라 군사가 와서 도림성을 공격하여 빼앗았는데, 현령 거시지가 죽임을 당하였다. 11월에 사찬 시득이 수군을 거느리고 설인귀와 소부리주 기벌포에서 싸웠는데 연이어 패배하였다. 다시 나아가 크고 작은 22번의 싸움을 벌여 이기고서 4천여 명의 목을 베었다. 이해 결국 당나라는 안동도호부를 평양에서 요동성으로 옮기게 되었다. 이로써 신라는 평양 이남의 한반도 영토에 대한 지배권을 장악하여 불완전하지만 명실상부하게 삼국통일의 대업을 이루게 되었다.

679년(재위 19) 2월에 사신을 보내 탐라국을 다스렸다. 궁궐을 다시 고쳤는데 매우 웅장하고 화려하였다. 또 동궁을 짓고 비로소 궁궐 안팎 여러 문의 이름을 정하였으며, 사천왕사도 완성되었다.

680년(재위 20) 3월에 보덕왕 안승에게 왕의 여동생을 아내로
삼게 하였다. 가야군에 금관소경을 설치하였다.
　681년(재위 21)에 왕이 왕경에 성을 새로 쌓으려고 하여 승려 의
상에게 물어보니, 의상이 대답하였다.
　"비록 들판의 띳집에 살아도 바른 도를 행하면 곧 복업이 길 것
이요, 진실로 그렇지 않으면 비록 사람을 힘들게 하여 성을 만들
지라도 또한 이익 되는 바가 없습니다."
　이에 왕이 공사를 그만두었다.
　이해 7월 1일에 왕이 세상을 떠났는데 시호를 문무라 하였다.
여러 신하들이 왕의 유언을 받들어 동해 입구의 큰 바위 위에서
장례를 치렀다. 세속에 전하기를 왕이 변해 용이 되었다고 하므
로, 그 바위를 가리켜서 대왕석이라고 한다.

능지탑지(문무왕 화장터)

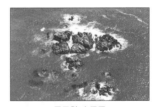

문무왕 수중릉

신문왕

통일신라의 제도를 완비하고

더욱 왕권을 강화하다

신문왕神文王은 문무왕의 큰아들로 이름은 정명이고, 자는 일소이다. 어머니는 자의왕후다. 681년에 제31대 왕위에 올랐다. 왕비 김씨는 소판 김흠돌의 딸로, 왕이 태자 시절에 궁에 들어왔다. 오래도록 아들이 없었고, 즉위 직후에 아버지가 난을 일으킨 데 연좌되어 궁에서 쫓겨났다. 683년에 일길찬 김흠운의 딸을 비로 맞았다.

신문왕 대에는 통일신라의 제도를 완비시키고 더욱 강력한 왕권을 확립한 시기이다. 즉위한 해, 왕비의 아버지인 소판 김흠돌, 파진찬 김흥원, 대아찬 진공 등이 반란을 도모하여 죽임을 당하였다. 또 이를 사전에 알고도 고하지 않았다고 하여 병부령 이찬 김군관과 그 아들을 죽이라는 교서를 내렸다. 반란을 평정한 2개월 뒤에 왕궁 경호로 시위감을 없애고 장군 6명을 두었다.

이어 682년(재위 2)에는 위화부령 2명을 두어 관리를 선발하고 추천하는 일을 맡겼고, 유교적 정치이념에 입각하여 국학을 세워 경卿 1명을 두었다. 또 이해에 공장부감 1명과 채전감 1명을 두었다.

683년(재위 3)에는 보덕국의 왕 안승을 불러 소판으로 삼고 김씨 성을 하사하였다. 서라벌에 머물게 하고 멋진 집과 비옥한 밭을 주었다. 그러나 이듬해 안승의 조카인 장군 대문이 금마저에서 반란을 일으키자 이를 진압하고 금마군을 설치함으로써 신라가 직접 지배하게 되었다.

685년(재위 5) 봄에 다시 완산주를 설치하고 거열주를 빼앗아 청주를 설치함으로써 비로소 9주가 구비되었다. 또 서원소경과 남원소경을 설치하고 각 주군의 백성들을 옮겨 나누어 살게 하였다. 이해에 봉성사와 망덕사가 완성되었다.

686년(재위 6) 예작부에 경 두 사람을 두었다. 석산현·마산현·고산현·사평현 등 4현을 설치하고 사비주와 발라주를 군으로 하고, 웅천군과 무진군을 주로 승격하여 지방제도를 조정하였다. 그리고 당나라에 사신을 보내《예기》와 문장에 관한 책을 요청하였다. 측천무후는 담당 관청에 명하여 길흉요례들을 베껴 쓰게 하고, 아울러 문관사림 가운데 규범이 될 만한 글들을 채택하여 50권으로 만들어주었다.

또 687년(재위 7) 4월에는 아버지 문무왕, 조부 무열왕, 증조부

문흥갈문왕, 고조부 진지왕 및 태조대왕의 조묘를 제사 지내는 5묘의 제도를 정비해, 유교 이념에 의한 내정의 안정을 도모했다. 688년에는 선부船府에 경 1명을 더 두는 등 중앙관청의 실무에 원활을 기했다. 689년에는 귀족들의 녹읍을 폐지하고 매년 세조歲租를 지급하게 함으로써 국왕을 정점으로 한 중앙집권화를 추진했다. 달구벌로 천도하려 했으나 실현하지는 못했다.

692년(재위 12)에 당나라 중종이 사신 편에 조칙을 전하였다.

"우리 태종 문황제께서는 신이한 공과 성스러운 덕을 지니신 천고에 빼어나신 분이다. 그러므로 돌아가신 날에 태종이라는 묘호를 올리게 되었다. 그런데 너희 나라 선왕인 김춘추의 묘호를 같게 하였으니 너무나 본분에 맞지 않는 행동이로다. 반드시 서둘러 고쳐 부르도록 하라."

왕과 여러 신하가 함께 의논하고서 대답하였다.

"우리나라의 선왕 춘추의 시호가 우연히 당 태종의 묘호와 중복되었습니다. 조칙으로 고치라고 하니 내 어찌 감히 명령을 좇지 않을 수 있겠습니까? 그러나 생각건대 선왕 춘추는 매우 훌륭한 덕을 지닌 분이십니다. 더구나 살아생전에 김유신이라는 어진 신하를 얻어 한 마음으로 정사에 힘써 삼한을 통일하였으니 그가 이룬 공업이 많지 않다 할 수 없습니다. 돌아가셨을 때 온 나라의 신하와 백성들이 슬픔과 사모함을 이기지 못하여 받들어 올린 시호인데, 당 태종의 묘호와 중복된다는 것은 알지 못하였습니다. 지금 교칙을 들으니 두려워 어찌할 바를 모르겠습니다. 바라건대 사신께서는 돌아가 궁궐 마당에서 복명할 때 이상과 같이 아뢰어주시오."

뒤에 다시 별도의 조칙이 없었다.

7월에 왕이 세상을 떠나니 시호를 신문이라 하고 낭산 동쪽에 장사 지냈다.

신문왕릉

설총
우화로 왕을 일깨우다

설총薛聰의 자字는 총지이다. 할아버지는 담날 나마이고 아버지는 원효인데, 처음에 승려가 되어 널리 불경을 통달하였고 이윽고 환속하여 스스로 소성거사라고 불렀다.

설총은 성품이 똑똑하고 분명하여 배우지 않고서도 도덕과 학술을 알았다. 방언으로 구경九經을 풀이하여 후학들을 가르쳤으므로 지금까지 학자들이 그를 종주로 받든다.

또 글을 잘 지었으나 세상에 전해오는 것이 없다. 다만 지금 남쪽 지방에 간혹 설총이 지은 묘비명이 있으나 글자가 없어지고 떨어져 나가 읽을 수 없으므로 끝내 그의 글이 어떠하였는지를 알지 못한다.

신문왕이 한여름에 높고 빛이 잘 드는 방에 있으면서 설총을 돌아보며 말하였다.

"오늘은 여러 날 계속 내리던 비가 처음으로 그치고, 첫 여름의 훈훈한 바람도 조금 서늘해졌구나. 비록 매우 맛이 좋은 음식과 슬픈 음악이 있더라도 고상한 말과 재미있는 농담으로 울적함을 푸는 것만 못 하다. 그대는 틀림없이 색다른 이야기를 알고 있을 것인데 어찌 나를 위해서 그것을 이야기해 주지 않는가?"

설총이 말하였다.

"예, 신이 듣건대 옛날 화왕花王(꽃 중의 왕 모란꽃을 일컬음)이 처음 전래되자 그것을 향기로운 정원에 심고 푸른 장막을 둘러 보호하였습니다. 봄을 맞아 내내 아름다움을 드러내니 온갖 꽃들을 능가하여 홀로 뛰어났습니다. 이에 가까운 곳으로부터 먼 곳에 이르기까지 아름답고 고운 꽃들이 바쁘게 와서 찾아뵙지 않음이 없었으며, 오직 시간에 늦을까 걱정하였습니다.

홀연히 한 아름다운 사람이 나타났습니다. 붉게 빛나는 얼굴과 아름다운 치아에 곱게 화장하고 아름답게 꾸민 옷을 입고, 하늘거리며 와서 아름다운 자태로 앞으로 나와 말하였습니다. '첩은 눈처럼 흰 모래톱을 밟고, 거울처럼 맑은 바다를 마주하면서 봄비에 목욕하여 때를 벗기고, 맑은 바람을 상쾌히 여기며 유유자적하니 그 이름은 장미라고 합니다. 왕의 아름다운 덕을 듣고, 향기로운 휘장 속에서 잠자리를 모시고자 하오니 왕께서는 저를 받아주시겠습니까?'

또 한 남자가 나타났습니다. 베옷을 입고 가죽 띠를 둘렀으며, 흰 머리에 지팡이를 짚고 늙고 병든 것처럼 걸어 구부정한 모습으로 와서 말하였습니다. '저는 서울 성 밖의 큰길가에 살면서 아래로 넓고 멀어 아득한 들판의 경치를 내려다보고, 위로는 높고 험한 산의 경치에 기대어 사는데, 그 이름은 백두옹白頭翁(할미꽃)이라고 합니다. 가만히 생각하옵건대 주위에 거느리고 있는 자들이 제공하는 물품이 비록 풍족하여 맛있는 음식으로 배를 채우고 차와 술로 정신을 맑게 하여도, 비단으로 싼 상자에 쌓아둔 것들 중에는 반드시 기운을 보충할 좋은 약과 독을 없앨 아픈 침이 있어야 합니다. 그러므로 비록 명주실과 삼麻실과 같이 좋은 것이 있다고 하더라도 골풀과 누런 띠처럼 거친 것을 버릴 수 없고, 무릇 모든 군자들은 궁할 때 다른 것으로 대용을 삼지 않음이 없다고 합니다. 왕께서도 또한 뜻이 있으신지 모르겠습니다.

어떤 사람이 '두 사람이 왔는데 누구를 받아들이고 누구를 버리겠습니까?'라고 말하였습니다. 화왕은 '장부의 말이 또한 도리에 맞으나 아름다운 사람은 얻기 어려운 것이니 장차 어떻게 할까?'라고 말하였습니다. 장부가 앞으로 나아가 말하였습니다. '저는 왕께서 총명하셔서 도리와 정의를 아실 것으로 생각하였기 때문에 왔을 뿐인데 이제 보니 아닙니다. 무릇 임금 된 자로서 간사하고 아첨하는 자를 친근히 하고, 정직한 사람을 멀리하지 않음이 드뭅니다. 이런 까닭에 맹가(맹자의 본명)가 불우하게 일생을 마쳤고, 풍당은 중랑서장 벼슬을 하면서 백발이 되었습니다. 옛날부터 이와 같았으니 제가 이를 어찌하겠습니까?'화왕이 '내가 잘못하였구나! 내가 잘못하였구나!'라고 하였답니다."

이에 왕이 정색하고 낯빛을 바꾸며,

"그대의 우화 속에는 실로 깊은 뜻이 있구나. 이를 기록하여 임금 된 자의 교훈으로 삼도록 하라."

라며 드디어 설총을 높은 벼슬에 발탁하였다.

세상에 전하기는 일본국 진인이 신라 사신 설판관에게 준 시의 서문에 '일찍이 원효거사가 지은 《금강삼매론》을 읽고 그 사람을 만나보지 못한 것을 깊이 한탄하였는데, 신라국의 사신 설판관이 곧 거사의 손자라는 것을 듣고, 비록 그 할아버지를 만나보지 못하였어도 그 손자를 만난 것을 기뻐하여서 이에 시를 지어드린다.'고 하였다. 그 시가 지금 남아 있는데, 단 그 자손의 이름을 알지 못한다.

효소왕
동서로 시장을 만들고 사회를 안정시키다

　효소왕孝昭王은 신문왕의 태자로 이름은 이홍이고 어머니는 신목왕후로, 일길찬 김흠운의 딸이다. 692년에 제32대 왕위에 올랐다. 즉위한 해에 대아찬 원선을 중시로 삼았고, 고승 도증이 당나라에서 돌아왔는데, 왕에게 천문도를 바쳤다.

　694년(재위 3)에 문영을 상대등으로 삼고, 겨울에 송악성과 우잠성을 쌓았다. 다음 해에 서쪽과 남쪽에 시장을 설치했다. 699년(재위 8) 9월에 동해에서 수전水戰이 벌어졌는데 소리가 도읍에까지 들렸다. 무기고 안의 북과 피리가 저절로 울었다.

　700년(재위 9) 5월에 이찬 경영이 반역을 도모하여 참형에 처하고, 중시 순원도 연좌되어 파면되었다.

　702년(재위 11) 7월에 왕이 세상을 떠났다. 시호는 효소라 하고 망덕사 동쪽에서 장사 지냈다.

성덕왕

통일신라의 전성기를 일구다

성덕왕聖德王은 신문왕의 둘째아들이고, 효소왕의 친동생으로 이름이 융기였다. 그러나 당나라 현종과 이름이 같아서 흥광으로 고쳤다. 어머니는 일길찬 김흠운의 딸 신목왕후이고 효소왕이 아들 없이 세상을 떠나자 화백회의에서 추대되어 702년에 제33대 왕위에 올랐다. 왕비는 순원 이찬의 딸 소덕왕후이다.

성덕왕 대는 정치적 안정과 함께 사회적으로도 통일신라의 전성기라고 할 수 있다. 대내적으로는 왕권이 점차 안정되어 711년 신하들에게 신하의 도리를 적은 백관잠을 지어 보

성덕대왕 신종(에밀레종)

임으로써 충군 사상을 강조했고, 죄인들을 사면하고 자연재해를 당한 백성들을 진휼하거나 곡식의 종자를 나누어주는 등 유교적 이상에 맞는 구휼정책을 적극 시행했다. 특히 722년에는 처음으로 백성들에게 정전을 지급하는 조치를 취했다. 대외적으로 당나라와 친선관계를 돈독히 하여 빈번히 사신을 파견하였으며 728년(재위 27)에는 당의 국학에 신라 귀족 자제들의 입학을 요청하여 허락을 받았다. 또 733년(재위 32)에는 당의 요청을 받아 발해를 공격하기도 했다. 이로 인해 735년에는 당으로부터 패강(대동강 이남) 지방의 영유를 공식적으로 인정하는 조서를 받아 감사의 표를 올렸다.

한편 기술을 중시하여 717년(재위 16)에는 의학박사와 산학박사 1명씩을 두었고, 이듬해 처음으로 물시계[漏刻]를 만들었다. 또한 국방 시책으로 721년(재위 20)에 하슬라도의 남자 2천 명을 불러 북쪽 경계에 긴 성을 쌓았고, 또 월성군에 모벌군성을 쌓아 일본의 침입에 대비했다. 731년(재위 30)에 일본국의 전선戰船 3백 척이 바다를 건너 우리 동쪽 해변을 습격하였다. 왕이 장군에게 출병을 명하여 크게 격파하였다.

737년에 왕이 세상을 떠났다. 시호를 성덕이라 하고 이거사 남쪽에 장사 지냈다.

효성왕

당나라와 문화 교류를 하다

효성왕孝成王은 성덕왕의 둘째아들이고 이름은 승경이다. 어머니는 소덕왕후이고, 형인 태자 중경이 먼저 세상을 떠나자 737년에 제34대 왕위에 올랐다.

즉위하면서 자신의 이름자를 피해 중앙 관부의 승丞을 모두 좌佐로 고쳤다. 738년(재위 2) 2월에 당나라로부터 '개부의동삼사신라왕'으로 책봉되었다. 형숙이 당에서 떠날 즈음에 황제가 시의 서문을 짓고 태자 이하 백관들이 모두 부와 시를 지어 전송했다. 황제가 형숙에게 말했다.

"신라는 군자의 나라라 일컬어지고, 자못 글을 잘 알아 중국과 비슷함이 있다. 그대는 독실한 선비인 까닭에 신임표를 주어 보내는 것이니, 마땅히 경서의 뜻을 강연하여 그들로 하여금 대국에 유교가 성함을 알게 하라."

그리고 신라 사람들은 바둑을 잘 두었으므로 조칙으로 솔부병 조참군 양계응을 부사로 삼았는데, 나라 바둑의 고수는 모두 그 밑에서 나왔다. 그해 4월에는 당나라의 사신이 와서 노자의《도덕경》을 바쳤다.

　　739년(재위 3) 3월에 이찬 순원의 딸 혜명을 왕비로 맞았고, 동생인 헌영을 태자로 세웠다. 740년(재위 4) 8월에 파진찬 영종이 반역을 꾀하다가 죽임을 당했다. 이보다 앞서 영종의 딸이 후궁으로 들어왔는데, 왕이 그를 몹시 사랑하여 은총이 날로 더하자 왕비가 질투하여 집안사람들과 더불어 그를 죽이고자 꾀하였다. 영종은 왕비와 그 친족들을 원망했는데 이로 인해 반역을 일으킨 것이다.

　　742년(재위 6) 5월에 왕이 세상을 떠나니 시호를 효성이라 했다. 유언에 따라 널을 법류사 남쪽에서 태우고 그 뼈를 동해에 뿌렸다.

경덕왕

신라 문화의 황금시대를 열다

경덕왕景德王은 성덕왕의 아들이고 효성왕의 친동생으로 이름은 헌영이다. 어머니는 이찬 순원의 딸 소덕왕후로 효성왕이 아들이 없었기 때문에 742년에 제35대 왕위에 올랐다. 왕비는 서불감 김의충의 딸 만월부인 경수왕후이다.

즉위 후 새로 부상하는 귀족 세력을 약화시키고 왕권의 재강화를 위해 일련의 제도개혁을 단행했다. 747년(재위 6)에는 중시를 시중으로 변경했다. 국학에 박사와 조교를 두어 유학 교육에도 힘썼다. 이듬해 정찰 1명을 두어 백관을 감찰하게 하여 왕권체제를 강화하려 했다. 또 749년에는 천문박사 1명과 누각박사 6명을 두었다.

대외적으로 일본과의 관계는 그리 원만하지 않았으나, 당과는 11차례의 사신을 파견하여 우호적인 관계를 유지하면서 활발히 교류했다. 당나라의 문화를 수입하여 신라 문화의 황금시대를 이룩하고 산업발전에도 힘썼다. 특히 756년(재위 15) 2월에 왕은 당나라 현종이 촉蜀 지방에 있다는 말을 듣고 당에 사신을 보내 강을 거슬러 올라가 성도에 이르러 조공했다. 현종이 5언10운 시를 몸소 짓고 써서 왕에게 주었다.

또한 불교 중흥에도 노력하여 황룡사의 종을 주조하고, 굴불사를 비롯하여 영흥사 · 원연사 · 불국사 등의 절을 세웠다. 석굴암도 이때 축조되었다. 그러나 즉위 초에 귀족 세력을 누르고 왕권을 강화하려 했던 개혁정치는 실패로 돌아가 말년에는 귀족 세력과 타협할 수밖에 없었다.

757년(재위 16)에 9주 · 5소경 · 1백17군 · 2백93현으로 나누었다. 또한 내외 관리의 월봉을 혁파하고 녹읍을 부활시켰는데, 이는 귀족 세력의 욕구를

불국사 자하문

불국사 석가탑과 다보탑

반영한 것이었다. 758년에는 의술을 맡은 관리 가운데 의학을 깊이 연구한 사람을 뽑아 내공봉에 충당하고, 율령박사 2인을 두는 등 기술 발전에 대해 관심을 보였다.

759년(재위 18)에 관직명을 중국식으로 개편했다.

764년(재위 23)에는 귀족 세력을 대표하는 만종과 김양상을 상대등과 시중에 임명했다.

765년(재위 24) 6월에 왕이 세상을 떠났다. 시호를 경덕이라 하고 모지사 서쪽 산봉우리에 장사 지냈다.

경덕왕릉

김생과 솔거
해동 제일의 명필가와 화가

김생金生은 부모가 미천하여 그 가계를 알지 못한다. 경운 2년 711년에 태어났다.

어려서부터 글씨를 잘 썼다. 평생 동안 다른 기예는 공부하지 않았으며, 나이가 80이 넘어서도 오히려 붓을 잡고 쉬지 않았다. 예서, 행서와 초서가 모두 입신의 경지에 이르렀다.

지금 고려도 때때로 그의 친필이 있는데, 학자들이 그것을 전하여 보배로 여긴다.

숭녕 연간에 학사 홍관이 진봉사를 따라 송나라에 들어가 변경에 묵었다. 그때 한림 대조 양구와 이혁이 황제

김생의 글

의 칙명을 받들고 숙소에 왔다. 그림 족자에 글씨를 썼는데, 홍관이 김생의 행서와 초서 한 권을 그들에게 보여주었다. 두 사람이 크게 놀라 '오늘 왕우군이 손수 쓴 글씨를 보게 될 줄 몰랐다.' 라고 말하자 홍관이 '아니오. 이것은 신라 사람 김생이 쓴 것이오.' 라고 말하였다. 두 사람은 웃으면서 '천하에 우군을 제외하고 어찌 신묘한 글씨가 이와 같을 수 있겠소' 라고 말하였다. 홍관이 여러 번 말하여도 끝내 믿지 않았다.

솔거奉居는 신라 사람이다. 출신이 한미하였다. 그러므로 그 가계를 기록하지 않았다. 배우지 않고서도 그림을 잘 그렸다.

일찍이 황룡사 벽에 늙은 소나무를 그렸는데, 몸체와 줄기는 비늘이 주름지고, 가지와 잎이 얽혔다. 까마귀, 솔개, 제비, 참새가 가끔 그것을 보고 날아들었다가 와서는 길을 잃고 헤매다가 떨어지곤 하였다. 세월이 오래되어 색이 바래지자 절의 승려가 단청으로 보수하였더니 까마귀와 참새가 다시 오지 않았다.

또 경주의 분황사 관음보살과 진주의 단속사 유마상도 모두 그의 필적이다. 대대로 신화神畵라고 전한다.

분황사 사자상

신라의 분열과 멸망

　삼국통일 직후 한동안 평화가 지속되고 호사스러운 생활에 빠져 있던 귀족들은 왕위계승을 둘러싼 음모와 싸움까지 벌이면서 왕권이 서서히 약해지기 시작하여 통일신라 말기에는 거대한 혼란에 휩싸이게 되었다. 왕권이 불안해지고 나라가 혼란에 빠져들자 지방에서 저마다 세력을 키웠던 호족 세력이 등장하여 반란을 일으켜 독자적인 나라를 세워 후삼국시대가 도래했다. 그 중 후고구려의 왕건이 다른 세력을 제압하고 고려를 세우자 신라의 경순왕은 더 견디지 못하고 나라를 바치고 귀순했다.

혜공왕

무능하여 귀족 세력에 의해 시해되다

혜공왕惠恭王은 경덕왕의 맏아들로 이름은 건운이다. 어머니는 만월부인으로 서불한 김의충의 딸이다. 765년에 제36대 왕위에 올랐다. 즉위할 때 나이가 여덟 살이었으므로, 태후가 섭정했다. 왕이 어리고 무력했기 때문에 귀족들의 반란이 많이 일어났다.

768년(재위 4) 7월에 일길찬 대공은 아우인 아찬 대렴과 함께 반란을 일으켰다. 무리를 모아 33일 동안 왕궁을 에워쌌으나 왕의 군사가 이를 쳐서 평정하고 구족을 목 베어 죽였다. 770년(재위 6) 8월에 대아찬 김융이 반란을 일으켰다가 목 베어 죽임을 당했다.

775년(재위 11)에는 김은거 및 이찬 염상과 정문이 반란을 일으켰으나 모두 진압되었다. 780년(재위 16) 2월에 흙이 비처럼 내렸다. 왕은 어려서 왕위에 올랐는데 장성하자 음악과 여자에 빠져 나돌아 다니며 노는데 절도가 없고 기강이 문란해졌으며, 천재지변이 자주 일어나고 인심이 등을 돌려 나라가 불안했다. 같은 해에 이찬 김지정이 반란을 일으켜 무리를 모아 궁궐을 에워싸고 침범했다. 4월에 상대등 김양상이 이찬 경신과 함께 군사를 일으켜 김지정 등을 죽였으나, 왕과 왕비는 반란군에게 살해되었다. 양상 등이 왕의 시호를 혜공왕이라 하였다.

선덕왕
왕위를 찬탈하다

선덕왕宣德王의 성은 김씨이고 이름은 양상이다. 내물왕의 10대 손으로, 아버지는 해찬 효방이고 어머니는 김씨 사소부인으로 성덕왕의 딸이다. 780년에 혜공왕이 반란군에 시해된 후, 반란군을 평정한 공을 앞세워 제37대 왕위에 올랐다. 왕비는 구족부인으로 각간 양품의 딸이다.

정통 승계가 아니었기 때문에 정치적으로도 불안한 상태가 계속되었다. 781년(재위 2)에 패강 남쪽의 주와 군을 위로하고 이듬해 몸소 한산주를 두루 돌며 살펴보고 백성들을 패강진으로 옮겨 넓은 농경지를 확보하는 등 북방 개척을 시도했다. 그러나 연이은 자연재해로 784년(재위 5)에 왕위를 양보하려 했으나 추종하는 여러 신하들이 세 번이나 글을 올려 말렸으므로 그만두었다.

785년(재위 6) 정월에 왕이 병으로 자리에 누워 오랫동안 낫지 않았으므로 조서를 내려 말했다.

"과인은 본래 재주와 덕이 없어 왕위에 마음이 없었으나 추대함을 피하기 어려워 왕위에 오르게 되었다. 왕위에 있는 동안 농사가 잘 되지 않고 백성들의 살림이 곤궁해졌으니, 이는 모두 나의 덕이 백성들의 소망에 맞지 아니하고 정치가 하늘의 뜻에 합치되지 못했기 때문이다. 늘 왕위를 물려주고 밖에 물러나와 살고자 했으나, 많은 관리와 신하들이 매양 지성으로 말렸기 때문에 뜻대로 하지 못하고 지금까지 주저하고 있다가 갑자기 병에 걸려 다시는 일어날 수 없게 되었다. 죽고 사는 것은 하늘에 달려 있으니, 돌이켜보건대 무슨 여한이 있겠는가? 내가 죽은 뒤에는 불교 법식에 따라 시신을 불태워 뼈를 동해에 뿌려라."

이해 정월 13일에 이르러 왕이 세상을 떠나니 시호를 선덕이라 했다.

원성왕

독서삼품과를 설치하여 관리를 등용하다

원성왕元聖王은 내물왕의 12세손이고 이름은 경신이다. 어머니는 박씨 계오부인이고 비는 김씨이니 신술의 딸이다.

일찍이 혜공왕 말년에 반란이 여러 차례 일어났는데, 선덕왕이 이때 상대등이 되어 앞장서서 임금의 측근에 있는 악당들을 제거할 것을 제창하였다. 경신이 이에 참여하여 난을 평정하고 공을 세워서, 선덕왕이 즉위하자 상대등이 되었다.

선덕왕이 죽고 아들이 없었으니, 군신이 후사를 의논하여 왕의 친척 조카인 주원을 세우고자 하였다. 주원은 집이 서울 북쪽으로 20리 떨어진 곳에 있었는데, 때마침 큰 비가 내려 알천의 물이 넘쳐 주원이 건너오지 못했다. 혹자가 말했다.

"임금은 큰 자리라 본디 사람이 꾀할 수 있는 것이 아니다. 오늘 폭우가 내린 것은 혹여 하늘이 주원을 세우고 싶지 않음이 아닐까? 지금 상대등 경신은 전왕의 아우이며 덕망이 평소에 높아 임금으로서의 풍채가 있다."

이에 의견을 모아 그를 세워서 제38대 왕위를 잇도록 하자 이윽고 비가 그쳤으니, 나라 사람들이 모두 만세를 불렀다.

785년(재위 1) 총관을 도독으로 바꾸었고, 788년(재위 4) 독서삼품과를 설치해 관리를 등용했다. 《춘추좌씨전》이나 혹은 《예기》, 《문선》을 읽고 그 뜻에 능통하며 《논어》와 《효경》에 모두 밝은 자를 상품으로, 《곡례》와 《논어》, 《효경》을 읽은 자를 중품으로, 《곡례》와 《효경》을 읽은 자를 하품으로 삼았다. 혹 오경, 삼사, 제자백가의 글을 널리 통달한 자는 등급을 뛰어넘어 발탁 등용하였다. 예전에는 오직 궁술로써만 사람을 선발하였으나 이때에 이르러 이를 개정하였다.

790년(재위 6)에 벽골제를 증축하고, 한산주, 웅천주 두 주의 굶주린 백성을 진휼하였다. 또 발해와 통교하였다.

불교에도 관심이 많아 785년에 승관을 두었으며, 795년에는 봉은사를 창건하고 망덕루를 세웠다. 원성왕 때 와서 왕실친족집단에 의해서 권력이 장악되기 시작했다. 주로 근친 왕족들이 요직을 장악했으며, 이들이 왕위를 이어서 하대 원성왕계로 불린다.

798년(재위 14) 12월 29일에 왕이 세상을 떠났다. 시호를 원성이라 하고, 유언에 따라 영구를 받들어 봉덕사 남쪽에서 태웠다.

헌덕왕

왕위를 찬탈하여 반란이 끊이지 않다

헌덕왕憲德王은 소성왕의 아우로 이름은 언승이다. 동생 제옹과 함께 난을 일으켜 조카 애장왕을 죽이고 809년에 제41대 왕위에 올랐다. 왕비는 귀승부인이니 예영의 딸이다. 재위 중에 명분 없이 왕위를 찬탈하고 여러 차례 기근이 발생하여 민심이 흉흉했다.

815년에 서쪽 변경 주군州郡에 큰 기근이 있어 도적이 봉기하였다. 군대를 보내 이를 토벌하였다. 819년에도 농민과 천민들의 반란이 곳곳에서 일어나, 여러 주군의 도독과 태수에게 명하여 그들을 잡도록 하는 등 불안한 기운이 감돌았다. 같은 해 설상가상으로 당나라의 운주절도사 이사도가 일으킨 난의 평정을 돕기 위해 김웅원 등 군사 3만 명을 당나라에 파견했다. 또 자연재해가 겹쳐 821년(재위 13) 봄에 백성들이 굶주려, 자손을 팔아 생활하는 경우가 생겼다.

이렇게 나라가 혼란스러울 때인 822년(재위 14)에 웅천주 도독 김헌창이 아버지 김주원이 왕이 되지 못함을 이유로 반란을 일으켰다. 무진, 완산, 청주, 사벌의 4개 주 도독과 국원경, 서원경, 금관경의 벼슬아치, 여러 군현의 수령을 협박해 자기 소속으로 삼았다. 그러나 반란은 이내 진압되었다. 또 825년(재위 17)에 김헌창의 아들 범문이 고달산 도독 수신 등 1백여 명과 모반했지만 역시 곧 진압되었다. 그러나 이를 계기로 호족의 지방 할거 경향이 더욱 촉진되었다.

826년(재위 18) 우잠태수 백영에게 명하여, 한산주 북쪽 여러 주군의 인민 1만 명을 징발하여 패강에 3백 리의 장성을 축조했다. 이해 왕이 세상을 떠나니 천림사 북쪽에서 장사 지냈다. 시호는 헌덕이다.

흥덕왕

장보고를 청해진대사로 임명하다

흥덕왕興德王은 헌덕왕의 아우로 이름은 수종인데 후에 경휘로 고쳤다. 826년에 제42대 왕위에 올랐다. 즉위한 해 12월에 왕비 장화부인이 죽으니, 추봉하여 정목왕후라 하였다. 왕이 왕비를 생각하며 잊지 못하고 슬퍼하며 즐거워하는 일이 없자, 군신들이 표를 올려 다시 왕비를 맞아들일 것을 청하였다. 왕은 '새도 짝을 잃으면 슬퍼하는데 하물며 좋은 배필을 잃고서는 어떠하겠는가. 어찌 차마 무정하게 곧바로 다시 아내를 얻겠는가.' 하며 따르지 않았다. 또 시녀를 가까이 하지 않고, 좌우의 시종으로 오직 환관만을 두었다.

828년(재위 3)에 대아찬 김우징을 시중으로 삼았다. 그해 장보고를 청해진대사로 임명했다. 장보고는 궁복이라 불리는데, 일찍이 당나라 서주에 들어가 군중소장이 되었다가 후에 귀국하여 왕

청해진

을 알현하고, 졸병 1만
명을 이끌고 청해에 진
을 세웠다. 청해는 지
금의 완도이다. 같은
해 12월에 당나라에 갔
던 사신 대렴이 차나무

종자를 가져오자 지리산에 심게 했다. 차는 선덕왕 때부터 있었지
만, 이때에 이르러 성행했다.

829년(재위 4) 봄 2월에 당은군을 당성진으로 만들고, 사찬 극정
을 보내 그곳을 지키게 하였다. 832년(재위 7) 봄과 여름에 가물어
농작물을 거둘 수 없게 되었다. 왕이 정전正殿을 피하고 음식의 가
짓수를 줄였으며 내외의 죄수를 사면하니, 7월에야 비가 왔다.
834년(재위 9) 10월에 나라 남쪽 주군을 순행하여 늙은이와 홀아
비, 과부, 고아, 독거노인을 방문하여 차등에 따라 곡식과 포목을
하사하였다.

836년(재위 11) 12월에 왕이 세상을 떠나니 시호를 흥덕이라 하
였다. 조정에서는 유언에 따라 장화왕비의 능에 합장하였다.

신무왕 · 문성왕
귀족 세력의 왕위쟁탈전이 끊이지 않다

신무왕神武王은 원성왕의 손자인 균정의 아들이며, 희강왕의 사촌동생으로 이름이 우징이다. 839년에 예징 등이 궁궐을 깨끗이 한 후, 예를 갖추어 맞이하여 제45대 왕위에 올랐다.

즉위한 해 청해진대사 궁복을 봉하여 감의군사로 삼고 식읍 2천 호를 봉하여 주었다.

이홍이 두려워하여 처자식을 버리고 산림으로 달아났다. 왕이 기병을 시켜 그를 쫓아가 잡아 죽였다. 왕이 병에 걸려 누웠다. 꿈에서 이홍이 활을 쏘아 등에 맞추었는데, 잠에서 깨자 등에 종기가 생겼다. 이달 23일에 이르러 왕이 세상을 떠나니 시호를 신무라 하고, 제형산 서북쪽에 장사 지냈다.

문성왕文聖王은 신무왕의 태자로 이름이 경응이다. 어머니는 정계부인이다. 신무왕이 즉위한 지 6개월도 안 되어 죽자 839년에 제46대 왕위에 올랐다. 즉위 초에 신무왕을 도운 귀족 세력인 장보고를 진해장군, 예징을 상대등, 김양을 병부령에 임명했다. 그러나 이와 같은 귀족 세력의 왕위쟁탈전 개입은 왕권을 제약하는 요소로 작용해 그의 재위 기간 중 모반사건이 자주 일어났다.

　841년(재위 3)에 일길찬 홍필이 반란을 일으켰고, 846년(재위 8)에는 장보고가 자기 딸을 왕비로 삼게 하려다가 실패한 데 반발해 반란을 일으켰다. 또 847년(재위 9)에는 이찬 양순과 파진찬 흥종의 반란이 있었고, 849년(재위 11)에는 이찬 김식·대흔 등이 반란을 일으켰다. 이와 같은 대혼란 속에서 문성왕은 857년 숙부인 의정에게 왕위를 계승시킨다는 유언을 남기고 세상을 떠났다. 시호를 문성이라 하고, 공작지에 장사를 지냈다.

헌안왕 · 경문왕
사위에게 왕위를 넘기다

헌안왕憲安王은 신무왕의 배다른 동생으로 이름은 의정이다. 어머니는 조명부인이고 선강왕의 딸이다. 문성왕의 유언에 따라 857년에 제47대 왕위에 올랐다.

즉위 직후 죄수들을 사면하고 이찬 김안을 상대등에 임명했다. 858년(재위 2)의 가뭄과 이듬해 기근으로 굶주리는 사람이 많자, 제방을 수리하게 하고 농사를 장려했다. 자식은 딸만 둘 있었는데 왕족인 응렴을 맏사위로 삼았다. 861년(재위 5)에 병으로 위독해지자 응렴에게 선위하고 죽었다. 공작지에서 장사 지냈다.

경문왕景文王은 희강왕의 아들인 아찬 계명의 아들로 이름은 응렴이다. 어머니는 광화부인이고, 헌안왕이 아들 없이 죽자 861년에 사위로서 제48대 왕위에 올랐다. 왕비는 김씨 영화부인이다.

즉위 후에 대사면을 실시
하고, 862년(재위 2)에 이
찬 김정을 상대등으로, 아
찬 위진을 시중에 임명했
다. 국학에 많은 관심을 보
였다. 863년(재위 3)에는
왕이 국학에 행차하여 박
사 이하 여러 사람에게 경

감은사 삼층석탑

서의 뜻을 강론하게 하고, 물건을 차등 있게 내려주었다.

또 불교에도 열성을 보였는데, 864년(재위 4)에 왕이 감은사에
행차하여 바다에 망제望祭를 지냈다. 866년(재위 6)에는 왕이 황
룡사에 행차하여 연등행사를 구경하고, 아울러 백관들에게 잔치
를 베풀어주었다. 871년(재위 11)에는 황룡사 9층탑을 고쳐 세우
게 하고 월상루를 중수하였다.

열성적으로 정치에 임했으나 진골 귀족간의 오랜 분쟁을 수습
하지 못하여, 중기 이후에 반란사건이 계속 일어났다. 861년(재위
원년)에 이찬 윤흥이 아우 숙흥, 계흥 등과 함께 반역을 꾀하다 일
이 발각되자 대산군으로 달아났다. 왕이 명을 내려 추격해서 체포
하여 목을 베고 일족을 멸하였다. 868년(재위 8)에 이찬 김예, 김
현 등이 반역을 꾀하여 죽였다. 874년(재위 14)에 이찬 근종이 반
역을 꾀해 대궐을 침입하므로 금군이 출동하여 쳐부수었다. 근종

이 그의 무리와 더불어 밤에 성을 빠져나감에, 추격하여 사로잡아 수레에 묶고 찢어 죽였다.

875년(재위 15) 2월에 수도와 동쪽 지방에 지진이 있었다. 혜성이 동쪽에 나타났다가 20일 만에 사라졌다. 5월에 용이 왕궁 우물 가에 나타나더니, 조금 있다가 구름과 안개가 사방에서 모여들자 날아갔다. 이해 7월 8일에 왕이 세상을 떠났다. 시호는 경문이다.

헌강왕

일시적으로 태평성대를 이루다

헌강왕憲康王은 경문왕의 태자로 이름은 정이다. 어머니는 문의왕후이고, 875년에 제49대 왕위에 올랐다. 왕비는 의명부인이다. 왕은 성품이 총명하고 민첩하였으며, 책을 보는 것을 좋아해 눈으로 한 번 본 것은 모두 입으로 외웠다.

즉위 후 위홍을 상대등으로 임명하고, 예겸을 시중으로 삼았다. 불경과 국학에 관심이 지대했다. 때문에 876년(재위 2)과 886년(재위 12)에 황룡사에서 백고좌百高座(사자좌 1백 개를 만들어 고승 1백 명을 모시고 설법하는 큰 법회)를 베풀어 불경을 강론했는데, 왕이 친히 행차하여 들었다. 또 879년(재위 5)에 왕이 국학에 행차하여 박사 이하에게 명해 강론하게 하였다.

같은 해 3월에 나라 동쪽의 주군을 순행했는데, 어디에서 왔는지 알 수 없는 네 사람이 왕 앞에 나와 노래하고 춤을 추었다. 그들의 모습이 해괴하고 옷차림도 괴이하여 당시 사람들은 산과 바다의 정령들이라고 여겼는데, 후세에 처용가무로 알려진다. 그해 6월에는 반란을 도모한 신홍을 주살했다.

880년(재위 6) 9월 9일에 왕이 좌우 신하들과 함께 월상루에 올라 사방을 둘러보니, 서울의 민가들이 즐비하고 노래와 음악 소리가 그치지 않았다. 왕이 시중 민공을 돌아보고 말했다.

"내가 듣건대, 지금 민간에서 집을 기와로 덮고 띠풀로 지붕을 이지 않는다 하고, 밥을 숯으로 짓고 땔나무를 쓰지 않는다 하는데 과연 그러한가?"

민공이 대답했다.

"신 또한 일찍이 그와 같은 이야기를 들었습니다. 왕이 즉위한 이래 음양이 조화롭고 비바람이 순조로워 해마다 풍년이 들어 백성들은 먹을 것이 풍족하고, 변방 지역은 잠잠하고 도시에서는 기쁘게 즐기니, 이는 전하의 어진 덕이 불러들인 바이옵니다."

왕이 기뻐하며 말했다.

"이는 그대들의 보좌에 힘입은 것이지 내게 무슨 덕이 있겠는가?"

886년(재위 12) 봄에 보로국과 흑수국이 화친을 요청해 왔다. 이해 7월 5일에 왕이 세상을 떠났다. 시호는 헌강이며 보리사 동남쪽에 장사 지냈다.

백결선생
거문고의 달인

　백결선생百結先生이 어떠한 사람인지를 알지 못한다. 낭산 아래에 살았는데 집이 매우 가난하여 옷을 1백 번이나 잡아매어 마치 메추라기를 매단 것 같았다. 당시 사람들이 동리의 백결선생이라고 불렀다. 일찍이 영계기의 사람됨을 사모하여 거문고를 가지고 다니면서 무릇 희로애락을 모두 거문고로 표현하였다. 한 해가 저물 무렵에 이웃 동네에서 곡식을 찧었다. 그의 아내가 절굿공이 찧는 소리를 듣고 말하였다.

　"다른 사람들은 모두 곡식이 있어 그것을 찧는데, 우리만 없으니 어떻게 해를 넘길까?"

　선생이 하늘을 우러러 탄식하며 말하였다.

　"죽고 사는 것은 명이 있는 것이요, 부귀는 하늘에 달린 것이니, 그것이 오는 것을 막을 수 없고, 가는 것을 좇을 수 없는데 당신은 어찌 마음 아파하시오? 내가 당신을 위하여 절굿공이 찧는 소리를 내어서 위로해 주리다."

　이에 거문고를 연주하여 절굿공이 찧는 소리를 내었다. 이 소리가 세상에 전해졌는데 이름을 방아타령이라고 하였다.

진성왕

신라의 마지막 여왕, 도적이 벌떼처럼 일어나다

진성왕眞聖王은 경문왕과 문의왕후 김씨의 딸로 이름은 만이다. 헌강왕과 정강왕의 여동생이기도 하다. 887년에 제51대 왕위에 올랐다. 신라시대 3명의 여왕 중 하나이다.

즉위 직후 죄수들을 사면하고, 모든 주군의 조세를 1년 동안 면제하는 등 민심 수습에 힘썼다. 또 황룡사에 백고좌를 설치하고 친히 행차해 설법을 들었다.

정강왕릉

888년(재위 2)에 왕이 평소 각간 위홍과 더불어 간통하더니 이때에 이르러서는 항시 안으로 들이고 일을 맡겼다. 이내 대구화상과 더불어 향가를 모아 수집하라 명하고 이를 《삼대목》이라 하였다. 그해 위홍이 죽자 혜성대왕으로 추증했다.

이후부터는 몰래 아름답게 생긴 소년 두세 사람을 끌어들여 음란한 행위를 하였고, 그 사람들을 중요한 직책에 앉히고 나라의 정책을 위임하였다. 이로 인하여 아첨하는 무리가 방자하게 뜻을 펴고 뇌물이 공공연하게 행해졌다. 상과 벌이 공평하지 않았고, 기강이 무너지고 해이해졌다.

889년(재위 3)에 나라 안의 모든 주와 군에서 공물과 부세를 보내지 않아, 창고가 텅텅 비어 나라 재정이 궁핍하였다. 왕이 사신을 보내 독촉하니 곳곳에서 도적이 벌떼처럼 일어났다. 이때 원종, 애노 등이 사벌주를 근거지로 반란을 일으켰으나 진압하지 못했고 그 후에도 계속 난이 일어났다.

891년(재위 5) 10월에 북원 도적의 장수 양길이 자기 막료 궁예를 보내 기병 1백여 명을 거느리고 북원 동쪽 부락과 명주 관내의 주천 등 10여 군현을 습격하였다. 892년(재위 6)에는 완산의 도적 견훤이 완산주를 근거로 스스로 후백제라 일컬으니, 무주 동남쪽의 군현들이 항복해 붙었다.

894년(재위 8) 2월 최치원이 시무책 10여 조를 바쳤다. 왕이 좋게 여겨 받아들이고, 최치원을 아찬으로 삼았다. 그해 10월에 궁예가 북원에서 하슬라로 들어오니 무리가 6백 명에 이르렀고, 스스로 장군이라 일컬었다. 895년(재위 9) 8월에는 궁예가 저족과 성천 두 군을 습격하여 빼앗았고, 또 한주 관내의 부약과 철원 등 10여 군현을 차지했다. 이때부터 신라의 실질적인 통치 구역은 경주와 그 주변 지역으로 한정되었다. 10월에 헌강왕의 서자 요를 태자로 삼았다.

897년(재위 11) 6월에 태자 요에게 왕위를 물려주었다. 12월 북궁에서 세상을 떠나니 시호를 진성이라 하고 황산에 장사 지냈다.

효공왕

나라가 바람 앞의 등잔불 신세가 되다

효공왕孝恭王은 헌강왕의 서자이며 이름은 요이다. 어머니는 의명왕태후 김씨이다. 헌강왕이 사냥을 나갔다가 만난 여인과의 사이에서 낳은 아들로 진성왕에 의해 895년에 태자로 봉해지고 897년에 제52대 왕위를 물려받았다. 왕비는 이찬 예겸의 딸이다.

898년(재위 2)에 궁예에게 패서도와 한산주 관내의 30여 개 성을 빼앗겼고, 드디어 송악군에 도읍하였다.

901년(재위 5)에 궁예가 왕을 칭하였다.

903년(재위 7) 패강도의 10여 주현이 궁예에게 항복하였다.

905년(재위 9) 7월에 궁예가 철원으로 도읍을 옮겼다. 왕이 나라의 강역이 나날이 줄어든다는 소식을 듣고 깊이 걱정하였으나, 막을 수 있는 힘이 없었다. 여러 성주에게 명하여 신중을 기해 출전하지 말고 견고히 수비하도록 하였다.

907년(재위 11)에는 일선군 이남의 10여 성을 모두 견훤에게 빼앗겼다.

이처럼 신라 왕실의 권위가 떨어지고 궁예와 견훤의 세력이 확장되어 나라가 바람 앞의 등잔불 신세가 되었지만, 왕이 이러한 상황에서도 천첩에 빠져 정사를 돌보지 않자 911년(재위 15)에 대신 은영이 첩을 죽였다.

912년(재위 16) 4월에 왕이 세상을 떠나니 시호를 효공이라 하고, 사자사 북쪽에 장사 지냈다.

신덕왕 · 경명왕 · 경애왕
나라를 스스로 지킬 역량을 잃어버리다

　　신덕왕神德王은 아달라 이사금의 후손으로 성은 박씨, 이름은 경휘이다. 아버지는 대아찬 예겸이고, 어머니는 정화부인이며, 비는 헌강왕의 딸 의성왕후 김씨이다.

　　효공왕이 죽고 아들이 없었으므로 귀족들의 추대를 받아 912년에 제53대 왕위에 올랐다. 당시 신라는 경주 일대를 제외하고 모두 궁예와 견훤에게 빼앗긴 상태였다.

　　916년에 견훤이 대야성(경남 합천)을 공격하다가 이기지 못한 일이 있었으나, 신라는 스스로 외세를 막아낼 능력이 없었다. 승영 · 위응의 두 아들이 있어 각각 경명왕과 경애왕이 되었다.

　　917년에 세상을 떠나니 시호를 신덕이라 하고 죽성에 장사 지냈다.

경명왕景明王은 신덕왕의 태자이고 이름은 승영이다. 어머니는 의성왕후이다. 917년에 제54대 왕위에 올랐다.

918년(재위 2)에 일길찬 현승이 반란을 일으켜 겨우 진압하였으나 스스로 나라를 지킬 역량은 부족했다. 그리하여 후고구려와 후백제 패권 다툼에서 눈치를 보는 형편이 되었다.

920년(재위 4)에는 후고구려의 왕건과 우호를 닦았다. 그해 후백제의 견훤이 대야성을 공격하여 함락시키고 진례까지 진군하자 왕은 왕건에게 원군을 요청했다. 견훤이 그 소식을 듣고 물러났다.

924년(재위 8)에 왕이 세상을 떠났다. 시호를 경명이라 하고 황복사 북쪽에 장사를 지냈다.

경애왕景哀王은 경명왕의 아우로 이름은 위응이다. 924년에 제55대 왕위에 올랐다.

즉위한 해에 왕건에게 사신을 보냈다. 925년(재위 2)에 고울부 장군 능문이 왕건에게 투항하였으나 위로하고 타일러 돌려보냈으니, 그 성이 신라의 왕도에 가까웠기 때문이다.

927년(재위 4)에 왕건이 몸소 백제를 정벌하니, 왕이 병사를 내어 그를 도왔다. 그해 9월에 견훤이 고울부에서 신라 군사를 침범하였다. 왕이 태조에게 구원을 요청하자, 장수에게 명하여 정예병사 1만 명을 내어 구원하도록 하였다. 견훤은 구원병이 아직 도착하지 않은 겨울 11월에 갑자기 왕경을 공격해 들어갔다. 왕은 비빈, 종실 친척들과 포석정에서 잔치를 열고 노느라 적병이 이르렀음을 깨닫지 못하였다. 그러다가 갑자기 무슨 일인지 알지도 못한 채, 왕과 비는 후궁으로 도망쳐 들어가고 종실 친척과 공경대부와 부인들은 사방으로 흩어져 달아나 숨었다. 적의 포로가 된 자들은 귀천을 가리지 않고 모두 놀라고 두려워하며 땅을 기면서 노복이 되기를 구걸했으나 죽음을 면치 못하였다.

견훤은 또 그의 병사들을 이끌고 재빨리 재물을 모두 빼앗고, 궁궐로 들어가 좌우에 명하여 왕을 찾도록 하였다. 왕은 비와 첩 몇 명과 후궁에 있다가 군대 진영으로 잡혀갔는데, 견훤이 핍박하여 왕이 자살하도록 하고 왕비를 강간하였으며 부하들이 비와 첩을 간음토록 내버려두었다. 왕의 친척 동생을 권지국사로 세우니, 그가 경순왕이다.

경순왕

나라를 바쳐 고려에 귀순하다

경순왕

경순왕 영정

경순왕敬順王은 문성왕의 후손이고 이찬 효종의 아들로 이름은 부이다. 어머니는 계아태후로 927년에 견훤에 의해서 강제로 제56대 왕위에 올랐다.

재위 동안 국력이 급격히 쇠퇴하여 여러 차례에 걸친 후백제의 침공과 약탈을 막을 수가 없었다. 그리하여 조정과 민심이 모두 고려 왕건에게 의지하고 있었다.

931년(재위 5) 2월에 왕건이 50여 명의 기병을 거느리고 경기에 와서 만나 뵙기를 청하였다. 왕이 백관과 교외에서 맞이하여 입궁하였는데, 서로를 대함에 있어서 정성

임해전   임해전지

과 예의를 극진히 하였다. 임해전에 연회 자리를 마련하고 잔치가
무르익자 왕이 말했다.

"나는 하늘의 도움을 받지 못해 점차 화란을 불러들였고, 견훤
은 의롭지 못한 일을 마음 내키는 대로 하면서 우리나라를 멸망시
키려 하니, 이렇게 가슴 아픈 일이 어디 있겠습니까?"

왕은 말을 마치고 눈물을 줄줄 흘리며 울었다. 좌우에서 목메어
울지 않는 이가 없었으며 왕건 역시 눈물을 흘리며 위로하였다.
수십 일을 머물다 돌아가니, 왕이 혈성까지 배웅하고 사촌동생 유
렴을 인질로 삼아 왕건을 따라가게 하였다. 왕건 휘하의 군사들은
엄숙하고 반듯해서 털끝만큼도 침범하지 않았다. 도성의 남녀가
서로 기뻐하며 말했다,

"예전 견훤이 왔을 때에는 승냥이와 호랑이를 만난 것 같았는데,
지금 왕공이 오니 부모를 만난 것 같다."

935년(재위 9) 10월에 왕은 사방의 토지가 모두 남의 소유가 되

어 국력이 약해지고 세력이 작아져 스스로 편안할 수 없게 되었다고 여겨, 여러 신하들과 국토를 바쳐 태조에게 항복하고자 논의하였다. 신하들이 의논하기를, 혹자는 옳다 하고 혹자는 옳지 않다 하였다. 이에 왕자가 말했다.

"나라의 존망은 반드시 천명에 달려 있는 것입니다. 다만 충신·의사義士와 함께 민심을 수습해 스스로 수비하다가 힘이 다한 후에 그만두어야지, 어찌 1천 년 사직을 하루아침에 가벼이 남에게 주는 것이 옳은 일이겠습니까?"

왕이 대답했다.

"작고 위태로움이 이와 같아 형세가 나라를 보전할 수 없다. 이미 강해질 수 없고 또 약해질 수도 없으니, 죄 없는 백성들의 간과 뇌장이 땅에 쏟아지게 하는 일을 나는 차마 할 수 없다."

그리고 시랑 김봉휴에게 편지를 가지고 가게 해 왕건에게 항복하기를 청하였다. 왕자는 울며 왕에게 하직하고, 바로 개골산에 들어가 바위에 기대어 집으로 삼고 삼베옷을 입고 풀을 먹으며 일생을 마쳤다.

그해 11월에 왕건은 왕의 편지를 받고 왕철 등을 보내 그를 맞이하였다. 왕은 모든 관료를 이끌고 왕도에서 나와 태조에게 귀순하는데, 아름다운 수레와 보석으로 치장한 말이 30여 리에 걸쳐 이어지며 길을 메우니, 구경하는 사람들이 담장같이 늘어섰다. 왕건이 직접 교외로 나가 영접하고 위로하며 궁궐 동쪽의 제일 좋은

거처 한 곳을 주고, 장녀 낙랑공주를 그에게 시집보냈다. 또 왕을
정승공으로 봉하여 지위가 태자보다 위에 있게 하였고, 봉록 1천
석을 주었다. 시종하는 관원과 장수들을 모두 예전 그대로 채용했
으며, 신라를 고쳐 경주라 하고 공의 식읍으로 삼도록 했다. 978
년에 왕이 세상을 떠나니, 시호를 경순이라고 했다.

경순왕릉

부록

삼국의 관등

등급	고구려	백제	신라	
			경위	외위
1	대대로	좌평	이벌찬	
2	태대형	달솔	이척찬	
3	주부	은솔	잡찬	
4	태대사자(대상)	덕솔	파진찬	
5	조의두대형	한솔	대아찬	
6	태사자(종대상)	나솔	아찬	
7	수위사자(유상)	장덕	일길찬	악간
8	상위사자(적상)	시덕	사찬	술간
9	소사자(소상)	고덕	급벌찬	고간
10	소형	계덕	대나마	귀간
11	제형	대덕	나마	찬간
12	선인	문독	대사	상간
13	자위	무독	사지	간
14		좌군	길사	일벌
15		진무	대오	일척
16		극우	소오	피일
17			조위	아척

삼국의 의결기구

나라별	명칭	의결 내용
고구려	제가회의	고구려의 귀족들이 모여 국사를 논의하던 최고의 귀족 회의체. 5부체제가 유지되던 고구려 초기에는 왕권이 그다지 크지 않았으며, 각 부의 책임자인 가加들이 모여 제가회의를 구성해서 왕위계승 · 대외전쟁 · 외교문제, 그 밖의 국가 중대사를 논의 · 결정했다. 초기에는 국왕이 제가회의의 의장 역할을 했으나, 점차 국상國相이 이를 대신했다.
백제	정사암회의	백제 후기에 정사암에서 정치를 논의하고 재상을 뽑던 회의. 정사암은 사비(지금의 부여) 부근의 호암사에 있었다고 전한다. 《삼국유사》에 의하면 백제에서는 국가의 재상인 좌평을 뽑을 때 후보 3, 4명의 이름을 이 정사암 위에 봉함해 두었다가 뒤에 이를 열어 이름에 인적印跡이 있는 자를 재상으로 삼았다고 한다. 정사암회의는 백제 후기의 귀족연합적인 정치운영 형태를 보여준다.
신라	화백회의	사로 6촌의 옛 부족회의인 남당제도에서 유래한 것으로, 진골 이상의 귀족들이 참여하여 국가 중대사를 의논한 것이다. 대체로 20명 정도의 진골이 참여하였고 의장은 상대등이었다. 이 제도는 한 사람의 반대자도 없이 모든 사람들이 찬성해야 결정하는 만장일치의 제도였다. 이 제도는 귀족들이 국왕을 추대하거나 폐위하는 등의 영향력도 행사하였으며, 각 집단의 부정을 막고 단결을 강화하는 구실과 함께 귀족 세력과 왕권 사이에 권력을 조절하는 기능도 하였다.

삼국 주요 연표

세기	연대	우리나라(주요사항)	중국(시대)
BC	57	신라 건국	한
	37	고구려 건국	
	18	백제 건국	
AD	194	고구려, 진대법 실시	삼국시대
	260	백제, 16관등과 공복 제정	
	313	고구려, 낙랑국 멸망시킴	진
	372	고구려, 불교 전래. 태학 설치	
	384	백제, 동진에 사절 보냄	
		백제, 불교 전래	
	406	백제, 일본에 한학 전함	남북조
	427	고구려 평양 천도	
	433	나·제 동맹 성립	
	502	신라, 우경 실시	
	503	신라, 국호와 왕호를 정함	
	520	신라, 율령반포, 백관의 공복제정	
	527	신라, 불교 공인	
	537	신라, 연호 사용	
	538	백제, 도읍을 사비성으로 옮김	
	545	신라, 국사 편찬	
	552	백제, 일본에 불교 전함	
	612	고구려 살수대첩	수
	624	고구려, 당으로부터 도교 전래	당
	645	고구려, 안시성 전투 승리	
	647	신라, 첨성대 건립	
	660	백제 멸망	
	668	고구려 멸망	
	676	신라, 삼국통일	
	682	국학 세움	
	685	9주 5소경 설치	
	698	발해 건국	
	722	신라, 정전 지급	
	751	불국사와 석굴암 중창 시작	
	788	독서삼품과 설치	
	828	장보고, 청해진 설치	
	834	백관의 복색 제도 공포	
	888	신라, 삼대목 편찬	
	900	견훤, 후백제 건국	오대
	901	궁예, 후고구려 건국	
	918	왕건, 고려 건국	
	935	신라 멸망